高校篮球教学发展的理论与实践

肖 元◎著

吉林出版集团股份有限公司

图书在版编目（CIP）数据

高校篮球教学发展的理论与实践 / 肖元著. — 长春：吉林出版集团股份有限公司，2023.4

ISBN 978-7-5731-3053-2

Ⅰ. ①高… Ⅱ. ①肖… Ⅲ. ①篮球运动一体育教学一教学研究一高等学校 Ⅳ. ①G841.2

中国国家版本馆 CIP 数据核字（2023）第 045672 号

高校篮球教学发展的理论与实践

GAOXIAO LANQIU JIAOXUE FAZHAN DE LILUN YU SHIJIAN

著　　者 肖　元

责任编辑 曲珊珊

封面设计 林　吉

开　　本 787mm×1092mm　1/16

字　　数 242 千

印　　张 11.5

版　　次 2023 年 4 月第 1 版

印　　次 2023 年 4 月第 1 次印刷

出版发行 吉林出版集团股份有限公司

电　　话 总编办：010-63109269

发行部：010-63109269

印　　刷 廊坊市广阳区九洲印刷厂

ISBN 978-7-5731-3053-2　　定价：78.00 元

前　言

篮球是一项对抗激烈、对技战术水平要求较高的综合性运动项目，经常参加篮球运动不仅能增强人的体质，还能满足人们的心理需求，丰富人们的业余文化生活。因此，篮球运动一直以来都深受人们的欢迎和喜爱。而在高校中，同样也受到大学生的青睐，几乎所有的高校都开设了篮球课程，学习篮球的学生也非常多，在大学校园篮球场上时时可见大学生参加篮球运动的身影。篮球运动不仅是世界上广泛开展的球类运动之一，也是高校体育教学的重要内容，对促进学生全面发展方面有着重要的价值。

本书更加注重对学生创新精神与实践能力的培养，书中所涉及内容紧跟学校体育教育改革的步伐。笔者紧密围绕培养目标，结合高校体育专业教学实际，较全面系统地介绍了篮球运动的固有规律、技术原理及创新能力的培养等。在此基础上，笔者凭借多年的工作经验，添加和补充了新的篮球理念，充实了现代篮球运动的新概念，增强了篮球运动的先进性和科学性，旨在为广大学生及体育同人提供参考。

肖　元

2022年10月

目　录

第一章　高校篮球运动概述

只有了解了高校篮球运动，才能够更加透彻地研究高校篮球运动教学，因此，本章将概括描述高校篮球运动，具体内容包括：篮球运动的起源与发展，价值、功能与特点，以及我国高校篮球运动的发展情况、世界重大篮球赛事简介等。

第一节　篮球运动的起源与发展

起源是一个汉语词汇，基本意思是指事物产生的根源。发展是事物从出生开始的一个进步变化的过程，是事物的不断更新，是指一种连续不断的变化过程。其既有量的变化，又有质的变化。下面介绍篮球运动的起源和发展情况。

一、篮球运动的起源

19 世纪中叶之后，欧洲产业革命使得人们的思想观念慢慢地发生了转变，并且开始追求健康的生活方式。在美国，由于国力的增强与经济的发展，使得国家越来越重视体育事业的发展。在这样的大背景下，詹姆斯·奈史密斯开始了篮球运动。

詹姆斯·奈史密斯当时任教学校的所在地——美国马萨诸塞州，由于冬季过于寒冷，导致学校无法进行当时流行的棒球运动，而学生又不喜欢在室内开展古典体操运动。这时，青年会委托詹姆斯·奈史密斯博士设计一项既能够在室内开展，又能够受学生欢迎的运动，篮球运动由此诞生。

当然，詹姆斯·奈史密斯的设计过程并不是一帆风顺的，而是综合了多种球类运动的特点创造出来的。篮球运动正式诞生的标志为：1981 年圣诞节的夜晚，詹姆斯·奈史密斯将培训班的 18 名学生分为两队，并用篮球作为游戏工具进行表演比赛，并将这一游戏介绍给了观众。当时，篮球并未正式命名，后来由詹姆斯·奈史密斯的学生提出将这项运动叫作篮球运动，至此该游戏被正式命名为篮球运动。

二、篮球运动的发展

现代篮球运动的发展，从总体上讲，共经历了以下四个阶段。

（一）初创时期（1890—1929 年）

这一时期，篮球运动由学校走向社会，并走向全世界。篮球运动在创造出的最初两年，并没有明确的人数、场地限制与游戏规则。直至 1982 年，奈史密斯编写了《青年会篮球规则》，至此，篮球运动有了最初的规则。

（二）完善时期（1930—1949 年）

这一时期，篮球运动得到了迅速发展，此时一个国际性的权威机构来协调各国一同举办的篮球运动，在这种背景下，国际业余篮球联合会宣告成立。1936 年，篮球运动被列入奥运正式比赛项目，自此，现代竞技篮球运动正式诞生。除此之外，在这一时期，篮球运动的规则与设备也有了进一步的发展与完善。

（三）普及提高时期（1950—1989 年）

这一时期，在篮球技战术创新性发展的影响下，篮球运动开始在全球范围内普及，并开始试行男女世界篮球锦标赛，同时篮球竞赛规则也经历了多次调整。另外，在这一阶段篮球运动员体型“高大化”成了一种时尚，甚至有“得高大中锋者得篮球天下”的说法。

（四）飞速发展时期（1990 年至今）

现代篮球运动在这一时期有了飞跃、快速的发展，职业篮球运动员从 1992 年开始可以参加奥运会、世界篮球锦标赛等国际篮球比赛。职业篮球则变得更加商业化、个性化、产业化，并且更具观赏性与人文性。与此同时，篮球规则在诸多方面也有了新的调整，如场地区域、攻守战术、比赛速度等。

第二节　篮球运动的价值、功能及特点

一、篮球运动的价值、功能

（一）生理健身价值、功能

1. 可提高人体的生理机能

首先，由于篮球运动要求球员练习力量的抗衡、突然与连续起跳、敏捷的反应与快速奔跑，因而，能够使机体各部分的肌肉结实且发展匀称；其次，篮球运动作为一种高强度的对抗性运动，能够促进人体的新陈代谢，提高机体的代谢率，从而使各器官（血管、心脏等）的功能增强，并从根本上使人的体质以及抵抗力增强；最后，由于篮球比赛中所发生的情况具有极大的不确定性，因此，需要球员掌握各种协调的技术动作，与此同时还需要他们具备随机应变的能力，所以经常参加篮球运动，能够提高各感觉器官感知能力，尤其是视觉感受器的功能。另外，篮球运动对促进动作精细化、提高分配与集中能力也很有帮助，同时对心脏时间、空间与定向能力也有良好的效果。

2. 可提高练习者的身体素质

因为篮球运动所具有的特点，要求球员必须具备良好的动作速度、耐力、反应速度与柔韧等素质。另外，因为篮球运动是在快速奔跑中进行的，所以球员在跳跃、转身跨步、起动等动作中锻炼了各关节的韧性与肌肉，这有利于提高人体的柔韧素质。

（二）心理保健价值、功能

长期参加篮球运动的人，其个性与心理都会朝着更为健康、积极的方向发展。

1. 可锻炼顽强的意志

水平接近、争夺激烈，是现代篮球强队比赛的特点。由于双方球员均处于直接对抗的状况下，因此，他们除了要具备优良的身体素质与技战术素质之外，更重要的是应具备坚强的意志品质。想要获得比赛胜利，球员必须在对抗当中克服各种困难，而克服困难的过程就是锻炼其意志品质的过程。有时，顽强的意志品质对比赛的最终胜利具有决定性的作用。

2. 可创造良好的情绪体验

现代篮球运动具有观赏性与趣味性。通过篮球运动的锻炼，首先，能够调节情绪、振奋精神、增进快乐，从而使人变得更加自信、自强，还对神经衰弱等精神疾病患者有一定的治疗与改善作用；其次，能够使队友之间的感情变得更加紧密，交流变得更加频繁，这对一些不愿与人交往、郁郁寡欢或者时冷时热的人来讲，不仅能够改善他们的人际关系，还能够使他们了解、认识到自己的价值；最后，还能够使球员在比赛胜利之后体会到成就感，并使他们产生振奋、愉悦的幸福感。

3. 有助于塑造健全人格

篮球运动，从微观上讲，是群体中个体之间的技巧智慧与身体冲击的直接对抗；从宏观上讲，则是群体的竞争。如果想要取得篮球比赛的胜利，就需要球员个性鲜明、敢于冒险、创新，并善于抓住时机与做出正确的观察判断。由此可知，篮球比赛是实现人个性自由发展的有效途径。另外，篮球运动还能够培养球员相互支持与团结一致的意识。

（三）社会价值、功能

1. 影响社会规范

所有参加篮球比赛的人，都必须要在比赛制约下活动，而贯穿比赛的体育道德精神对人的行为规范具有启蒙教育的作用，进而使人们获得对现代社会生活方式的演练与模拟，并且有利于人们形成文明、健康的社会行为习惯。

人性中存在着攻击性，而篮球运动能够使人的这种本性得到释放；与此同时，还能够在体育规则与道德精神的约束下，使人们在公平合理的条件中进行攻防对抗，并且让人们依靠智慧与技巧取胜，而不是通过不礼貌、不道德、粗野的动作来获得胜利。从深层次的意义讲，篮球运动还具有文化约束力，如礼仪、道德、伦理、法律以及信仰。

2. 影响练习者的情商

篮球运动的统一性、对抗性与集体性规律显著，因此，在比赛过程中，球员必须具备决断力，并能够做出有效的组合动作。在组合动作的实际应用中，由于比赛情况的不确定性，会导致整个组合动作中有很多不确定的成分，因此，球员必须具备随机应变的能力，而且比赛还需要他们能够创造出巧妙的动作并相互配合。由此可知，篮球运动能够培养球员的良好的心理承受能力、广泛的社交能力、充沛的精力与体力等，从而以较高的情商来面对生活、学习中的困难。

3. 可增进国际交往和友谊

篮球运动在全世界范围内都比较受欢迎，因此，其已经成为各国之间相互交流的重要工具，并且还成了各国、各团体之间建立友谊、理解、信任与团结的方式。不同语言、肤色、国家的人们可以通过篮球这一世界通用的“语言”来进行交流，从而使人们的交往变得更加密切。

二、篮球运动的特点

（一）集体性

在篮球运动中，只有通过队员之间集体协同配合，才能够出色地完成技、战术行动。球员所做的动作，都需要两人以上的协同配合才能够实现，因此，球队必须要重视全队行动的协调一致性；与此同时，还要注意调动每一位球员的积极性。总而言之，只有聚集全队的技能与智慧，发挥出团队的精神，才能够获得理想的成绩，这也是篮球运动集体性的表现。

（二）对抗性

作为一项直接发生身体接触的对抗性运动，篮球的基本特征与规律就是攻守的强对抗。

而这种对抗表现在诸多方面，比如，无球队员之间的对抗、争夺篮板球之间的对抗、双方球员意志品质的对抗等。通过对抗能够培养人的竞争能力与意识，这也是现代素质教育的一个重要组成部分。

（三）综合性

篮球运动的技术动作非常多，而且在比赛中应用的技术都是以组合形式呈现的，加之比赛情况的复杂不定，导致技术组合具有无确定性、随机性与多样性的特征。除此之外，篮球运动作为一门交叉的边缘性学科（所涉及的学科包括教育学、竞技学、社会学、管理学、社会学等），因此，对教练员的科学化训练、教学以及高水平的指挥管理都提出了更高的要求。上述这些都说明篮球运动是一项综合性的体育运动。

（四）变化性

篮球是一种攻守快速转换的运动，且转换都发生在一瞬间，从而使得比赛自始至终处于快节奏中，让观众处于专注、紧张的状态，充分体现了篮球的独特魅力。另外，篮球赛场情况变化多端，如果球员采用固定不变的打法不能无法取得比赛胜利，所以需要球员具有善于根据主张情况随机应变的能力。上述这些特点充分地体现了篮球运动的变化性。

（五）多元性

发展到今天，篮球运动已经成为一门具有较强交叉性的学科课程，并且其在运动方面的知识也开始向多元化方向发展。因此，要求球员与球队必须具备特殊的个性气质、生理机能、心理品质、身体形态条件、运动意识、道德作风，以及团队精神、身体素质、专项技战术配合方法体系、实战能力等，这体现了篮球运动的多元性。

（六）职业性

自现代职业篮球俱乐部成立之后，在竞赛规则不断完善、竞技水平持续提高的同时，现代篮球运动在全球范围内得到了飞速发展。对于篮球运动职业化进程来讲，球员技战术水平、体能与智能的提高具有极大的催化作用。20 世纪末期，多个地区都建立了职业篮球俱乐部。时至今日，全球职业化篮球已发展为一项新的产业，这也成了篮球运动的一个特点。

（七）商业性

随着篮球运动职业化程度的不断加深，各国都建立了自己的职业联赛，而职业联赛的发展推动着篮球运动进入商业化，并使其走向商业化的发展轨道。不仅运动员与运动队的技能水平成了商品，还开发了体育器材、体育彩票、运动服装等周边商品，并开始进行营利性操作与经营。这些都说明篮球具有商业性的特点。目前，NBA 是全球范围内发展最快、影响力最大的职业联赛。

（八）教育性

由于篮球运动的发展过程包含着丰富的教育内容，因此，其对促进社会交往、活跃社会生活、提高人的社会素质，以及增强民族与国家的自信与自尊均有着极为独特的社会价值。另外，由于篮球运动活动的保障为队员之间统一行动、协调配合，而这需要球员以健康、积极的道德情感作为基础，并且将共同的荣誉感与责任感作为自己的精神支柱。因此，球员参与这种以团体为基础的训练，能够使他们具备良好的道德情感，培养他们的集体主义精神，进而促进他们形成正确的道德价值观。

第三节　我国高校篮球运动的发展情况

我国高校篮球运动的发展情况具体表现在以下几个方面。

一、我国高校篮球运动的发展现状

在我国，大多数高校都会开展篮球运动，并且篮球基础设施也都比较完备。开展篮球活动具有诸多益处，如提高学生身体素质、增强学生体质等。当然不可否认的是，目前，我国高校篮球运动发展还是有一些问题存在的。

（一）专业运动训练的科学性较为欠缺

我国高校篮球训练情况不理想的原因，主要包括以下几点。

1. 训练强度低

在训练强度方面，高校运动员在强度与运动量并不能达到比较高的水准，而造成这种结果的原因主要是：目前，我国用于高校运动队的经费较少，运动员的营养条件跟不上，而低水平、低强度的运动训练很难将训练质量提高，这些在一定程度上影响了我国高校篮球运动员水平的提高。

2. 没有充足的训练时间

在训练时间方面，高校的篮球运动员，由于文化基础普遍薄弱，因此，想要顺利完成学业，就必须要在学习方面花费更多的精力，从而导致只能够在课余时间进行篮球练习，而且每次训练时间也只有短短的 2 ～ 3 个小时，而这些训练时间显然不够提高他们的专项竞技能力。

3. 训练手段与方法落后

在训练手段与方法方面，训练条件的限制使得我国很多高校篮球选择采用一般性的训练手段与方法来完成篮球训练，并且在内容方面主要是技战术训练，其中心理训练与体能训练占据的比重很小。

4. 不具备完善的训练检测与恢复方法

在训练过程与运动后恢复方面，我国高校篮球队中多数甚至还处于空白状态。

上述这些问题，对我国高校篮球运动水平的提高造成了一定的负面影响，只有尽快圆满地解决这些问题，才能够更好地促进我国高校篮球运动的发展。

（二）竞技水平相对较低，有待于进一步提高

我国目前还处于比较低的水平，出现这种情况的原因主要有以下两个。

第一，新中国成立初期，苏联模式对我国篮球运动的影响非常大。篮球等竞技体育在长时间计划经济体制的制约下，也实行了单一化体委负责制模式，这并不利于它的发展。

第二，篮球等竞技体育脱离了主体教育，而是选择了一个极为狭窄的体校道路，但高校教学内容却是一些业余运动训练。

目前，我国高校篮球发展依然有很多问题存在，其中最主要的一个问题，就是我国高校篮球运动员在毕业之后，能够被与篮球相关的职业队选中的概率很小。

（三）体育教师的执教水平需要进一步提升

由于在各种教学活动当中，教师是主导，而体育教学同样不例外。我国高校篮球队的教练员，很多都是体育教师担任的，他们虽然也是毕业于体育院校，并且有较为系统的理论知识，但是，绝大多数教师并没有受到专业篮球训练。另外，他们对高水平的运动训练也比较陌生。

除此之外，当一些具有较高水平的运动员进入高校之后，由于没有高水平教练员的悉心指导，导致这些运动员的技战术水平出现停滞，甚至下降的现象。虽然现在有一些专业篮球教练员开始进入高校，但是这种情况并不具有普遍性，而且相较于世界上具有较高执教水平的教练员，他们的水平还是存在一定差距的，因此，尽快全面提高高校篮球教学员的执教水平是一个急需解决的问题。

（四）发展目标定位不够明确，有一定的偏差

目前，我国的竞技体育运营机制和管理体制，是符合我国的国情的，而且取得了不错的成绩。但是，如果从全面发展的角度出发，现阶段的竞技体育人才培养模式依旧存在着很多问题，比如，运动员所接受的体育运动训练和文化教育不成正比，后备人才资源匮乏等。

我国高校竞技体育，多年来都处于一种比较窘迫的环境中，主要体现在虽然有竞赛市场，但是却并未培养出优秀人才，因此，在我国高校篮球运动未来的发展中，这也是一个急需解决的现实问题。

（五）实施的比赛赛制与实际情况不符

目前，我国高校篮球联赛赛制分为两种，具体如下。

第一，赛会制，这种赛制主要用于基层选拔赛、八强赛和分区赛。

第二，主客场相结合的赛制，此种赛制主要用于进入半决赛之后。中国大学生超级联赛一直以来都适用这种赛制。

虽然中国大学生超级联赛可以让运动员获得更多的实战机会，而这对球队的锻炼以及赛事的推广是有利的，但是，由于赛制的时间比较长，且经济开支也比较大，从而导致很多高校无法负担。由此可见，我国实施的高校篮球赛制并不符合我国的实际情况，需要进一步完善。

二、我国高校篮球运动的发展趋势

目前，中国高校篮球运动的发展趋势，具体体现在以下几个方面。

（一）趣味性和挑战性较强，普及广泛、形式多样

由于篮球运动本身具有时空对抗、集体协同等特点，致使其具有很强的趣味性与挑战性，而这也是充满朝气的大学生喜爱篮球的一个主要原因，所以篮球运动在高校中具备了进一步发展与普及的条件。另外，高校篮球运动的形式非常多样，其中，最受学生欢迎的形式有轮椅篮球、街头篮球等，且都成了大学生学习、生活当中的重要组成部分。

（二）具有较强的教育功能

人文教育对现代化社会发展具有十分重要的作用，而篮球运动的多重功能（如社交、教育、宣传、增值、健身等），也越来越被社会认同且受到高度重视。通过篮球训练和比赛，除了可以有效培养球员团结协作、齐心协力的集体主义精神之外，还能够有效地培养他们顽强的意志品质。

目前，大众普遍接受了人文篮球的观点，使得篮球运动不仅具有竞技功能，还具有锻炼篮球运动员人格的功能。在竞争激烈的大学学习环境当中经常参加篮球运动，一方面，能够使学生在生活与学习中面临的各种压力得以缓解；另一方面，还能够锻炼他们的意志、陶冶他们的情操。另外，篮球运动还能够加强他们的荣誉感、使命感。

（三）科学地将理论与实践紧密地结合在一起

科技不断向前发展的同时，在篮球运动中也有了更多先进科学技术的应用，而传统的篮球技战术、理论、体能水平，以及观念与训练手段等也在持续不断地创新与改进。另外，实践训练手段也更具科学化，新的理论与观念也在源源不断涌出，进而使得篮球从理论到实践都有了长远的发展。这对于高校大学生篮球高水平球员的培养来讲，具有十分积极的促进作用，而且对高校篮球教学的长久发展与不断完善同样有着无可取代的推动作用。

（四）高校竞技篮球呈现新特点

高校竞技篮球技、战术的发展趋势，主要体现在以下几个方面。

1. 高度和灵活度相结合

高校篮球强队，除了极为重视球队成员的平均身高之外，也很重视提高高校队员的身体素质。为了让运动员的攻守都处于制空优势，就必须有效地提高他们的制空能力，强化他们的弹跳能力与力量。目前，各所高校篮球运动员教学的典范为：具有敏捷的奔跑速度、精湛的篮球技术与技巧、良好的弹跳力，并且还能够进行绝妙的表演。上述这些使得高校篮球运动更加绚丽多彩，技战术内容更加充实。

需要注意的是，高校篮球运动不仅需要重视高度，还需要重视“灵活性”。随着高校篮球运动的空间争夺激烈程度越来越强，导致高大运动员只有做到“高中有灵，高中有巧”，才能够获得比赛的主动权，并最终取得比赛胜利。目前，高校篮球运动发展的一个重要趋势，就是高度与灵活度的有机结合。

2. 速度和准确度相结合

由于篮球规则对进攻时间的限制越来越严格，因此，比赛的速度也变得越来越快。除此之外，战术的变化同样对进攻速度有一定的要求。在高校篮球运动中，有节奏地加快攻守转换速度十分重要，这能促使快速反击次数增多，从而提高快攻得分率。

目前，高校篮球比赛对抗的一个特点与趋势为：普遍重视在高强度、速度的对抗当中保持比较高的投篮命中率，并依靠速度来争取主动权，争取用时间来控制空间，最终赢得胜利。另外，在保证速度的同时，还需要尽可能地提高准确度，只有这样，才能够取得比赛的最终胜利。总而言之，在高校篮球运动向前发展的同时，学生运动员对于速度的理解应当更加合理与全面。

3. 凶悍和智谋相结合

攻守对抗越来越激烈，体现在一方有勇气、有毅力、有胆识和另一方进行对抗，这也是现代篮球的一个重要特点。对抗主要体现在智力、战术、心理、身体以及技术对抗，只有在各种对抗当中取得胜利，才有可能获得比赛的最终胜利。

球队想要取得对抗的胜利，必须满足以下两个要求。

第一，对抗时运动员一定要凶悍。

第二，对抗时运动员一定要运用自己的智慧。

目前，很多大学生篮球运动员不仅意识到了拼斗能力与强悍作风的重要性，还意识到了“智谋”的重要性。高校普遍认可的当代篮球新观念，就是有智谋的拼斗。

4. 技术全面和特长相结合

由于现代篮球运动的对抗强度变得越来越强，因此，需要运动员具备尽可能全面的技术。具体来讲，就是要求队员能快能慢、能里能外地适应战术调整；与此同时，也需要球员提高各项体能素质，如灵活性、弹跳、力量等。

除此之外，运动员还能够在技术全面的基础上，拥有一项自己的专属特长，只有这样，才能够在球场上做到所向披靡。很多 NBA 篮球明星都是将技术全面和特长有机结合的典范，如科比、奥尼尔、乔丹等。

5. 常规和创新相结合

篮球运动的发展过程，实际上就是一个不断继承和创新的过程。现代篮球运动技战术的灵魂就是创新，只有持续不断地创新，才能够使其保持活力，才能够有效突破篮球发展的障碍，才能够使高校篮球运动不断向前发展。在常规与创新相结合之后，会产生多种不同的风格与打法，由此可以看出，高校篮球发展的一个突出趋势与特点就是创新。

需要注意的是，创新是在把握与认识篮球运动本质规律和特征的前提下，对其发展趋势的真正认识和理解。高校的篮球运动员与教练员们，应当在篮球运动的实践过程当中，继承篮球运动中好的传统，并在此基础上不断进行创新，只有这样，才能够更加快速地发展高校篮球运动。

三、大学生篮球运动赛事的发展状况

大学生篮球运动的赛事，主要有中国大学生篮球联赛与大学生超级篮球联赛两种。

（一）中国大学生篮球联赛（CUBA）

首届中国大学生篮球联赛 CUBA（China University Basketball Association，CUBA）举办于 1998 年。经过多年发展，这项赛事已经是我国高等院校体育运动竞赛中最为成功的一项赛事，参赛队伍、规模以及现场观众人数都是之前任何相关赛事无法比拟的。对于中国高校的篮球运动来讲，中国大学生篮球联赛的举办与发展对其有着非常大的影响。

第一，使中国高校体育界发生了一场深刻的革命。

第二，这一赛事的改革力度与方式，在一定程度上促进了中国篮球职业化的进程，并加快了篮球运动的发展以及和国际接轨的步伐。

第三，为中国高级体育人才的培养模式，以及学校课余体育训练的开展提供了全新的思维视角。

实际上，并不是每一位大学生都能够参加中国大学生篮球联赛，其对参赛选手有一定的要求，具体为：参加 CUBA 的运动员，必须是没有在中国职业篮球联赛中注册的在校正式大学生，并且需要在 CUBA 注册。每年 9 月到次年 5 月是 CUBA 的举办时间，比赛分为三个阶段，分别为基层预赛、分区赛与决赛。

1. 基层预赛

每年 9—10 月，各省、市、自治区、特别行政区，在每年的暑假新生入学之后开始组织预赛，并由它们的大学生体协、CUBA 组委会分会领导下的 CUBA 基层选拔领导小组来确定比赛的时间、地点和比赛办法。必须要以学校为单位来进行基层预赛以及之后的分区赛与决赛，有条件的最好采用主客场制。

2. 分区赛

CUBA 分区赛，分为 4 个赛区先后进行，每年的时间依次为：12 月 1 日到 7 日，东南赛区；12 月 8 日到 14 日，西南赛区；12 月 15 日到 21 日，西北赛区；12 月 22 日到 28 日，东北赛区。由各省、市、自治区、特别行政区预赛时的男女冠军队伍参加各分区的比赛。

每一个分赛区男女组各有 10 支队伍参赛，除基层预选赛冠军队之外的报名空额为机动名额，各个分赛区男女组冠亚军队将会晋级八强赛。所采取的赛制为“先小组循环、后交叉淘汰”。此处以男子组为例进行介绍，10 支参赛队伍分为两组。首先，进行小组单循环比赛；其次，两组的前四名进行交叉淘汰赛，并由小组赛积分居首位的两支队伍进行抽签，以此决定淘汰赛的首轮对阵；最后，由各分赛区决出一至四名的队伍。

3. 决赛

决赛（亦称 CUBA8 强赛）共有 8 支队伍参加，分别为四个赛区的前两名队伍。比赛采用主客场、5 分钟加时以及罚球的特殊规定来决出比赛的胜负。

（二）大学生超级篮球联赛（CUBS）

篮球运动管理中心自 2003 年开始，就与教育部全国学生体育联合秘书处共同协商办赛的具体事宜，经过细致的准备与周密的商讨之后，大学生超级篮球联赛于 2004 年 6 月 1 日诞生了，并于同年 10 月正式开始比赛。

1.CUBS 的创办特色

CUBS 创办的特色主要体现在以下几个方面。

第一，强强联手，力求打造出高水平的联赛。

第二，专业化运作，目的是将 CUBS 的商业空间提升。

第三，高校之间的互动增加，从而有效促进了校园篮球文化的发展。

2.CUBS 的赛制

大学生超级篮球联赛采用的是循环赛制，每一个赛区积分最高的前四名，则会晋级季后赛。

季后赛采取的比赛制度为：主客场双赛决胜制。具体过程为：如果一方两场全胜，就会直接晋级；如果一胜一负，就会对双方两场比赛总得分进行比较，更高者晋级；如果总得分相同，则客场得分的队伍晋级；如果客场得分也相同，那么就会进行 5 分钟附加赛，然后重新计算比分；倘若双方打平，则继续进行附加赛，直至决出胜负。

四、决赛采用单场决胜制

总决赛采用主客场三战两胜制。

第四节　世界重大篮球赛事简介

国际上的重大篮球竞赛活动除奥林匹克运动会篮球赛和世界篮球锦标赛以外，还有传统性的欧洲、亚洲、非洲、南美洲、中美洲、欧美运动会等地区性的篮球赛，以及世界大学生、中学生运动会篮球赛，世界军队和世界俱乐部篮球锦标赛等。

1. 奥运会篮球比赛

历届参加的办法不断变更，1980 年的第 22 届奥运会，规定为 12 个国家参加，产生这 12 个国家的办法是：上届奥运会前 3 名；欧洲篮球锦标赛和美洲篮球锦标赛的前 3 名；亚洲、非洲和大洋洲各 1 名。分两组进行两个阶段的比赛决定名次。每 4 年举办一次，设男子比赛和女子比赛。

2. 世界篮球锦标赛

男子赛从 1950 年开始，女子赛从 1953 年开始，男、女比赛分别举行。每届比赛间隔时间不定，一般是 4 年一届，历届世界男篮锦标赛的参加办法不完全相同，1978 年的第 8 届世界篮球锦标赛，参加办法是：上届奥运会前 3 名，上届锦标赛前 3 名，欧、美、亚、非、大洋洲锦标赛冠军队和主办国，被邀请国（按规程规定，主办国可邀请 1~2 个国家的球队参加比赛），共 14 个队分 3 组进行预赛，各取前两名，加上上届冠军和本届主办国队，共 8 个队伍采用单循环制决赛。

世界篮球锦标赛共有 6 个世界锦标赛，都是每两年举办一次：

男子比赛：有 16 支球队参加。

女子比赛：有 16 支球队参加。

青少年比赛：有 16 支球队参加，年龄为 18 岁以下。

22 岁及以下年龄组比赛：这是一个新设的竞赛，举办目的是为青少年球员在参加成年组比赛之前提供转变期比赛。

男子轮椅篮球比赛：于 1973 年首次举办。

女子轮椅篮球比赛：于 1990 年首次举办。

斯坦科维奇洲际篮球冠军杯比赛：于 2005 年在中国首都北京市首次举办，比赛是由国际篮球联合会（FIBA）主席博士发起的，是为表彰国际篮联秘书长斯坦科维奇先生为国际篮球发展所做出的贡献，以斯坦科维奇先生名字命名而举办的比赛。

斯坦科维奇杯是各大洲的冠军或亚军之间的比赛，是世界篮球的交流，但只在中国举行。

第二章 高校篮球运动教学理论与创新

篮球教学是一个涉及诸多因素的体系，包括教学目标、教学原则、教学方法等，只有在遵守篮球教学规律的基础上，采用合适的方法与原则，科学开展篮球教学工作，并且与时俱进，不断创新教学方法与模式，才能保证理想教学效果的取得。本章主要对高校篮球运动教学理论与创新进行分析，为高校篮球运动教学提供指导。

第一节 高校篮球运动教学的基本理论

一、高校篮球教学的任务与目标

（一）增强学生的身体素质

良好的身体素质是个体从事体育运动的基础与前提。篮球运动要求学生具备较多的运动技能，如跑、跳、投等，因此，通过篮球运动的教学，不仅能够促进学生身体正常发育，全面提高其身体素质，增强其体质，还能使学生的身心都得到很好的发展。要想很好地学习和掌握篮球技术和战术，增强学生的运动能力，就必须打好身体素质基础。

（二）提高学生的篮球知识与技能

现代篮球教学主要包括篮球理论、篮球技术与篮球战术三方面的内容。因此，篮球教学要使学生很好地掌握篮球基础知识以及篮球技术和战术知识，提高运动技能。其中，篮球理论知识是掌握技术和战术的依据，而篮球技术则是篮球战术的基础。篮球教学三个方面的内容之间相互作用、相互统一，它们是一个不可分割的整体，在教学过程中应对其有足够的重视。

（三）培养学生的创新意识与能力

培养学生的创新意识与创造能力是篮球教学过程中一项非常重要的教学任务。篮球运动是一项创造性活动，在运用篮球的技战术时，学生的运动能力具有明显的复杂性、多变性以及灵活性。因此，篮球教学必须具有培养学生创新能力的作用。

（四）促进学生的集体精神与良好意志品质的形成

作为一项集体性的对抗性运动项目，篮球运动的参与者需要具备良好的意志品质与集体精神。

一方面，通过篮球教学与竞赛能够较好地培养学生坚强的意志品质，使学生形成自己的世界观、人生观以及价值观。另一方面，篮球课程教学是教育过程，也就是说，篮球的教学过程是一个能够较好地完成人才培养的教育过程。因此，在篮球教学过程中，应该重视对学生集体主义精神与勇敢拼搏的良好意志品质的培养。

二、高校篮球教学内容

高校篮球教学的内容包含很多方面，对于不同的教学目标、不同层次的教学对象，采用不同的教学内容。篮球教学更注重让学生掌握基本理论知识、技术动作以及战术配合等，是一个由不会到会的过程。篮球教学的主要内容包括以下三个方面。

（一）篮球理论知识

篮球理论知识构成了篮球运动的学科体系。只有在篮球理论的指导下，才能正确地从事篮球运动。篮球运动理论包括技术、战术、规则裁判、竞赛组织和教学训练理论等。在篮球运动技能学习以及篮球活动的相关实践方面，篮球课程理论知识都能够发挥出良好的指导作用。

目前，我国篮球运动在理论和知识体系方面已经发展得比较完善，其内容主要有篮球教学理论、篮球训练理论、篮球技术和战术分析、篮球竞赛规则、篮球竞赛组织以及篮球竞赛裁判法等，以上这些都是篮球课程教学最为基本的理论内容。

（二）篮球技术动作

在篮球运动技能方面，篮球基本技术动作是其中最为基础的内容，而篮球运动技术动作主要包括动作方法、动作技术规格以及动作技术的运用等。在开展篮球运动技术动作教学时，对于动作示范的规范性，教师要给予高度重视。教学中要强调动作的规范性，为学生进一步提高篮球技能打下基础。

（三）篮球战术配合

篮球运动集体对抗的特点决定了队员之间的协调配合是篮球竞赛的重要手段，在篮球课程教学中，战术配合教学也是其中重要的内容之一。这是因为特定的战术布阵是篮球运动集体对抗中形成的主要形式，战术配合和战术阵式是篮球运动比赛最为重要的特征之一。

在篮球课程战术配合教学中，其主要内容包括两三人的战术基础配合和整体战术配合。

在战术配合教学中要使学生了解人与球移动的路线、攻击点、运用时机及其变化，教师要通过采用一些行之有效的合理的教学方法来促使学生形成正确的认识。对于学生战术协作意识和战术配合的培养，教师也要予以充分的重视，以保证学生能够在篮球比赛中对相关战术配合加以灵活运用。

三、高校篮球教学的专项原则

所谓教学原则是指各项运动教学与训练的开展所必须遵循的准则。篮球教学原则很好地将篮球教学的基本规律反映了出来，同时也将篮球教学的专项特点反映了出来，它是人们经过长期的篮球教学实践，对篮球教学规律加以总结和概括的结果。篮球教学原则既对教师的篮球教学工作起着重要的指导作用，也对学生篮球运动技能学习与提高具有积极的指导作用，并始终贯穿于篮球教学活动的全过程。

在篮球教学中，除了要对一般教学原则进行遵循之外，根据篮球运动技能的对抗性和开放性，还应对篮球教学的专项原则进行遵循。

（一）技术教学与实践运用相结合原则

篮球运动具有集体对抗的特征，这一基本特征直接决定了篮球教学过程中要将实战与对抗作为教学的出发点。在进行技术教学的初始阶段，要促使学生更好地理解和掌握篮球运动的对抗性，构建其实战运用的基本概念，而不是把技术方法视为固定的身体动作模式，使技术学习与技术运用相脱节，应把技术教学与比赛实践相结合，培养篮球意识、对抗能力和实战运用能力。

（二）技术的个体化与区别对待原则

技术动作不同，其所具有的动作规范也是不同的，这体现了技术的个体化以及专业化。技术动作结合要同人体运动学和动力学特征相符合。

战术规范是指战术配合符合比赛实战的一般性设计，是为了达到最佳实效的目的。由于学习者之间存在着身体形态、素质、智力等差异，比赛过程也千变万化，因此篮球教学中既要力求学生动作规范，又允许存在符合自身条件的动作差异。遵循在规范化的基础上结合个体化的原则，允许学生之间存在技术动作的细微差别，允许战术配合过程中的变化，在教学中照顾不同能力的学生，贯彻区别对待的原则。

（三）专门性知觉优先发展原则

篮球运动是通过手来控制球和支配球，并进行投篮得分，以对抗作为主要活动形式的运动项目。手对球的精细感觉对于篮球技术动作的学习和运用都有着非常重要的作用。为了促使学生感知和控制球的能力得到提高，通常可以在准备活动阶段进行各种熟悉球性和控制球的专门练习。

四、高校篮球教学的方法

（一）讲解法

在篮球教学中，教师要使用准确、简练的语言来分析技术动作的方法和要领、战术配合的方法和要求及运用过程中的注意事项等，从而使学生通过听讲来对教学内容进行感知。

（二）演示法

演示法是指在教学中进行技术动作的示范和战术配合方法的示范，运用幻灯、投影、挂图和录像等电子化媒体手段，使学生通过观看的方式直观地感知教学内容。实践中的示范要与讲解互相配合，要正确选择示范的队形和示范的面，示范的动作要标准。

（三）练习法

在讲解和示范的基础上，对学生的身体练习进行组织，是对篮球技能进行掌握的一种非常有效的方法。根据练习的形式，可将练习法分为分解练习、完整练习、简单条件下的练习和复杂条件下的练习；根据篮球运动的特点可分为个人技术练习、配合性练习和对抗性练习等。运动练习的方法要求实效，并且合理安排练习的强度、密度和运动量，使学生承受适当的运动生理负荷。

（四）纠错法

在练习过程中，学生不可避免地要出现错误的动作，教师必须及时采取相应的措施予以纠正，此时就要运用纠正错误的方法。教学实践中，教师应注意观察，及时发现学生的错误动作，分析产生错误的原因，寻找纠正方法。纠正时应针对具体情况，抓住主要矛盾，采取简化练习方式，或进一步分析动作和分别辅导，或采取辅助性的慢动作练习，以使学生能够尽快掌握正确动作。

（五）完整与分解相结合的教学方法

在篮球教学中，完整或分解教学法要根据不同的阶段和条件以及不同的对象进行选择和使用，但要注意将两者有效结合起来。一般来说，在对新内容进行学习时，要采用完整教学法，这样能够更好地保持动作的连贯性、完整性，以使学生能够形成整体概念。而较复杂的动作、战术配合，则采取完整、分解结合法，如运球急停跳投技术，可分解为运球、运球急停、原地跳投练习，在此基础上再进行完整教学。在战术教学中，通常是先进行完整讲解示范，以使学生能够清楚布阵、移动路线、配合时机以及协作方法等，然后再进行分解教学和练习，从而使学生对整体战术配合进行逐步掌握。

上述教学方法是一个统一的体系，教学中应相互配合使用，单一地使用某种方法不能实现教学的整体功能。

第二节　高校篮球运动教学工作的开展

一、高校篮球教学的组织与实施

（一）高校篮球课组织的主要内容

1. 课堂常规

对于师生来说，课堂常规有着较强的约束力，它是教师进行课堂管理的重要依据。在篮球教学课中，教师要对课堂常规的管理给予高度重视，对于学生的语言行为、课堂考勤等，要按照规定进行严格约束，并贯彻始终。此外，教师也要对课堂常规的规定和要求予以严格遵守。

篮球课程中练习的组织主要包括训练课作业进行的程序和作业内容的安排，通常来说，都是首先进行基本技术练习，其次进行战术配合，再次进行全队战术训练，最后进行教学比赛的训练。学生要严格配合老师完成练习组织的内容。

2. 课的结构

课的结构主要包括准备、基本、结束三部分，在对课堂教学规律予以严格遵循的基础上，教师要根据课的结构顺序来采用不同的措施和管理办法，以避免课堂上出现混乱情况。另外，对突发事件的处理也要采取果断而有效的措施。

一节篮球课的时间一般有两种，一种是 45 分钟，另一种是 90 分钟。课堂时间的合理运用，对教学任务的完成以及教学活动的顺利开展有非常重要的作用和影响。对课时时间的安排，一般是 60% 的时间用于学习内容，40% 的时间用来复习和巩固学习内容。

3. 发挥学生干部的作用

在篮球教学课中，由于练习时比较分散，对于管理方面的组织工作有着较大的难度，这就需要尽可能地培养一些学生骨干，以便更好地进行分组练习。在小组练习中，通过学生骨干来进行带领、组织和帮助，能够更好地为教师开展教学活动提供帮助，协助教师更好地完成相应的教学任务。

增强这些学生骨干的分析、组织和管理能力，提高他们发现问题、分析问题和解决问题的能力，从而为我国的篮球运动事业培养高素质、高水平的篮球人才。

4. 负荷安排

运动负荷的安排在训练课中是非常重要的环节。训练内容的组织安排是否得当，是否符合科学和客观规律，在很大程度上决定着一堂训练课的成功与否。

当然，运动负荷的控制也不例外。在篮球训练课中，合理安排运动负荷和如何进行大运动负荷训练是一个不可避免且非常重要的问题。解决好这一问题，不仅能够使队员的身体素质有很大程度的提高，在技术和战术训练水平方面也会大大提升，这非常符合实践的需要。

由此可以看出，首先要根据队员的实际情况来确定运动负荷；其次运动负荷的增长要遵循循序渐进的原则，即由小到大原则。另外，还要根据不同时期、训练阶段的任务将每次课的负荷强度和密度确定下来。一般来说，一次课应出现几次负荷高峰。通常情况下，进入基本部分的前段时就应出现第一个高峰（较高），第二个高峰出现在到基本部分后段。

（二）高校篮球课程教学的实施

1. 理论课程的实施

课堂教学是篮球理论教学课通常所采用的组织形式，也就是以教师的讲授为主，同时配合适当的课堂讨论，以使学生的学习兴趣得到激发，具体步骤如下。

首先，通过采用讲述或提问的形式，教师将前一次课的教学内容引出，以便为接下来的新授课内容做好相应的准备和铺垫。

其次，在对本次课的内容进行讲授时，要重视反复论证篮球课的重难点，从而更好地达到强化的目的，促使学生更好地理解和掌握本次篮球课的主要内容。

最后，在课的结束部分，要将课的重点进行简明扼要的归纳和总结，同时还要布置相应的课后作业，并告知学生下次课的教学内容。

通过篮球理论知识的学习，应使学生达到理论联系实际和指导实践的目的。当前篮球理论教学现代化的发展趋势之一为启发式教学，即教师充分利用学校的现代教学设备，如幻灯、投影、录像等多媒体教学手段，将学生学习的积极性和能动性充分发挥出来，对学生分析问题和解决问题的能力进行积极的培养。

用这些现代化的教学设备开展启发式的篮球教学是当前篮球理论教学现代化的发展趋势。对于培养学生分析问题和解决问题的能力具有非常显著的效果，是值得大力提倡的篮球教学组织形式。

2. 实践课程的实施

在篮球教学过程中，实践课主要包括三个部分，即准备部分、基本部分和结束部分。

（1）准备部分

准备部分可以使学生从生理和心理上做好承受较大和最大运动负荷的准备，以避免运动损伤的发生。首先由班长、队长或值日生整队并清点出席人数，向教师报告；教师进行考勤检查，并将本次课的任务与要求向学生进行较为简要的说明。准备部分的训练内容主要取决于基本部分的教学、训练内容，换句话说，就是根据基本部分的教学、训练内容的需要，选择准备活动的练习。

一般来说，准备部分的练习内容，主要由走、跑、跳、各种控制球、支配球和徒手体操、游戏的练习组成。训练课不仅要做一般准备活动，还要根据实际需要做专门的准备活动。

准备部分的主要目的是在教师的组织下做好进入训练状态的准备，其中身体准备活动是一堂训练课中不可缺少的重要部分之一，这部分的时间通常会安排 15~20 分钟。准备活动的具体内容不仅能够使学生集中注意力，充分放松身体，还能够为基本部分的活动打下一定的基础。

（2）基本部分

实践课的主要目的包括两个方面：一方面，是教学课的主要目的；另一方面，是提高比赛能力和适应能力。以教学大纲、训练计划的要求为主要依据，通过不断创造各种有利条件，使学生掌握和提高技战术水平和技能，同时也要有针对性地提高其运用能力。

训练课的主要内容是以训练计划的安排为主要依据，通过各种各样的练习和比赛，比如，个人的、小组的、全队的身体练习、技术和战术练习、教学比赛、对外比赛等，来发展各项素质和能力，以提高自身实践能力。除此之外，还要根据各个时期的具体任务，循序渐进地增加运动负荷量和运动强度，更大程度地增强学生的各项素质和能力。

教学课进行教材内容的安排时，通常都是先教新教材，再复习旧教材，然后进行知识的巩固和强化，最后进行运动量较大的教学比赛或者提高身体素质的专项练习。

在进行实践课的教学时，要以课的任务和学生的具体情况以及课的时间、场地、器材等条件为主要依据，有针对性地选择较为合适的练习方法和手段。通常情况下，教学课（两节课连上的）的时间安排在 70 分钟左右，训练课的时间安排占全课时的 70% 左右。

（3）结束部分

通过使体内积存的乳酸加速排出，使运动时的氧债得到一定的补偿，使参加运动的肌肉尽快地恢复到运动前的状态，从而最终使学生从生理上逐渐由运动状态平复下来，从心理上由运动状态逐渐恢复到平静状态。

激烈的训练结束后，应该适当地做一些整理活动，以使学生从激烈的运动生理状态和紧张兴奋的心理状态逐渐缓和、平复，恢复到训练前的状态。结束部分的主要内容有：慢跑、游戏、放松练习和注意力转换的练习等，除此之外，一些运动量不大的罚球、投篮练习也是较为合适的选择。

另外，教学课结束前，还要进行小结和讲评工作。一般情况下，教学课结束部分的时间是 5~10 分钟，训练课结束部分的时间是 15 分钟左右。

3. 实习课程的实施

这一类型课的目的主要是促进学生篮球学习训练能力、组织比赛能力、裁判水平等得到快速提高。

在实习开始时，首先要对参与实习的学生人数进行确定，并指导学生做好充分的准备工作。

在实习过程中，教师要及时做好观察和记录。

在实习结束时，教师要及时评价学生的具体实习情况，同时也可鼓励学生积极参与实习课的讨论和讲评。学生在参与完实习之后要做好实习总结，从而为提高自身学习能力奠定良好的基础。

4. 观摩课程的实施

篮球讨论课的形式比较自由灵活。提高学生的表达能力，发展学生的观察与分析能力，激发学生的创造性思维，是其主要任务和目的所在。通常情况下，讨论课往往在进行篮球技战术分析、规则裁判法等的教学时采用。

在开展篮球观摩讨论课之前，教师要对学生宣布观摩的内容、观察的重点、要解决的问题，以及纪律等方面的要求等。观摩对象可以是某次篮球课或篮球比赛，也可以是篮球技战术电影或录像片等。观摩中要求学生做好笔记，记下自己的感想和体会，并提出疑问，为之后的讨论做好准备。

篮球观摩课结束后，要及时组织讨论，通常情况下，是先由教师作引导性发言，然后学生围绕议题进行发言。在讨论课之中，教师做引导性发言，然后组织学生围绕本次课的议题进行民主式的发言。鼓励学生有自己的不同意见，针对各自意见展开激烈的讨论。教师应在讨论结束时做总结性发言，对讨论的问题和学生的讨论情况进行评述，未能得出结论的问题可以留待课后继续探讨。

二、高校篮球教学文件的制定

在学校体育教学中，教学文件是开展各类教学活动的重要依据。教学文件的类别、等级不同，其所指导的内容也是不相同的。通常来说，教学文件的级别越高，就越关注宏观的、战略性的指导，如教学大纲；反之，教学文件的等级越低，就越注重实践性和可行性，越贴近教学活动实践，如教学进度和教案。下面主要就教学文件中的教学大纲、教学进度和教案的制定展开论述。

（一）篮球教学大纲的制定

篮球教学大纲是开展篮球教学活动的重要依据，它是教师开展篮球教学工作的指导性文件。篮球教学大纲规定了教学的基本任务、教学时数，并确定了课程的考核方法和基本标准，是衡量教学工作任务是否完成的基本依据，体现了篮球教学工作的主导思想。制定科学、合理的教学大纲，对篮球教学工作的顺利开展有着重要的促进作用。

1. 篮球教学大纲制定的具体要求

（1）篮球教学大纲的制定应从篮球教学的实际出发，落实教学计划所规定的培养目标和要求，提出具体的篮球课程教学目的和任务。

（2）根据篮球运动的特点、课程的任务和时数来确定教材内容，突出基本理论知识、技术与基本技能的教学训练与培养。

（3）在篮球教学大纲的制定过程中，应注意合理分配教学课程的时数，保证理论与实践的合理比例，以确保教学任务的完成。

（4）注重教学内容的系统性、科学性和先进性。

（5）篮球教学考核内容应以篮球基本理论、基本技术与技能为重点。考核方法要能全面、客观地反映学生的真实理论、技术与技能水平，评分方法，力求科学和合理、公平公正，这有助于全面、客观地评价学生并能促进学生的全面发展。

2. 篮球教学大纲的内容

一般来讲，篮球教学大纲的内容主要包括以下几个方面。

（1）教学大纲说明：阐述篮球教学大纲制定的依据、主要原则和课程的性质，提出完成篮球教学大纲所要采取的措施等。

（2）篮球教学目的和要求：阐述篮球教学方面的具体任务。一般包括篮球基本理论知识、技战术和基本技能、发展学生身体素质方面的要求和思想品德教育、专业思想教育，培养学生的集体主义精神和优良的品质和作风等，培养学生从事篮球教学工作的能力。

（3）篮球教学内容及时数分配：明确篮球教学中理论、技术、战术及规则裁判法和相关的基本能力培养等不同教学内容的课程时数安排比例、理论教学与实践教学的比例、理论教学的题目和课时、考核评价、教学条件、参考书目等。

（4）篮球教学考核内容和方法：依据篮球教学的目的确定课程考核方法与标准。考核的内容主要包括理论知识、技战术和技能。

（5）篮球教学成绩评定：主要包括思想品德、学习态度，基本理论知识、技术与技能等的评定。

（6）篮球教材及主要参考书：列出本门课程使用的教材和主要教学参考书。有选择性地阅读并参考一些比较权威的篮球专著，以丰富和补充篮球教学的内容。

（7）篮球教学设施的准备和使用：针对篮球教学活动中使用到的篮球场地、设备等进行规范和提出指导，以便于更加合理地使用篮球场地和设备，并做好篮球教学设施的维护和管理工作，以最大限度地发挥篮球教学物质资源的价值。

（二）篮球教学进度的制定

1. 教学进度的概念

教学进度是教学过程中非常重要的指导性文件，它是以教学大纲中的任务、内容、时数分配作为主要依据，将教材内容具体落实到每次课的教学文件中。教学活动需要按照一定的要求展开，由此也就说明了教学进度的制定不是随意的，它需要在一个非常严谨的规则内进行。教学进度正常、有序地执行能够为取得良好教学效果和教学质量提供保障。科学、合理地制定教学进度，能有效地提高教学质量与效果。

篮球教学进度的合理制定应把握好篮球教学内容的逻辑性，教学内容应符合篮球知识技能认知学习的基本规律，能充分反映教学方法和教学策略。

2. 篮球教学进度制定的具体要求

（1）重视篮球教学逻辑关系，以合理的逻辑关系和迁移原理为指导。在制定教学进度时，一定要注意将篮球运动知识单元和技术的合理逻辑关系充分体现出来，注意学习教材时迁移原理的积极作用，防止教学过程中的干扰。

（2）遵循篮球教学的循序渐进原则。教学进度要根据教学的实际情况和教学需要合理分配每次课的不同教学内容分量以及搭配，在教学过程中，逐渐提高学生的理论知识水平和运动能力。

（3）在全面的基础上突出教学重点。教学进度的安排要以教学大纲的要求和篮球运动技能形成的规律为主要依据，将教材内容安排到适当的位置。在全面考虑的基础上，有针对性地突出教学重点，有助于教师更加科学、合理地组织教学。

（4）重视理论与实践的有机结合。理论课与实践课要合理安排，应本着理论指导实践的精神，有针对性地安排好理论课教学，使理论指导实践，实践体现理论，充分体现两类课程的相互配合和互补。

3. 制定篮球教学进度的格式

篮球教学进度的具体格式可以分为两种，一种是名称式教学进度，另一种是符号式教学进度，具体内容如下。

（1）名称式教学进度

在篮球教学进度的制定过程中，名称式教学进度是以课的顺序为依据将各类教材的名称填入教学内容，在课程类型内填写采用的组织方式，以及其他相关事项（表 2–1）。名称式教学进度在理论讲授、实践教学和研讨等方面具有广泛的应用价值。

表 2–1 名称式篮球教学进度表

课次	教学内容	课程类型	备注
1			
2			
3			

（2）符号式教学进度

篮球符号式教学进度格式是根据编号顺序将教材内容逐个列入教学内容栏，然后根据出现的先后顺序在相应的课次栏内“√”。为了保证教学进度的合理性，一定要注意排列组合的科学性，只有这样才能够将每次课的教材安排和整个教材排列顺序及数量充分反映出来。

（三）篮球教案的制定

1. 教案的定义

教案，又被称为“课时计划”，是教师根据教学进度编制而成的最为基础的教学文件。教案是教师上课的依据，对教师积累资料、总结经验、提高对教学规律的认识具有非常积极的促进作用。因此，教案的作用是非常重要的，它不仅是教学的依据，更能反映出一个教师的工作态度、专业素质、业务水平等。

2. 篮球教案的制定要求

教案编写的好坏在很大程度上会影响教学效果的好坏，为了保证教案的科学性和可行性，篮球教案的制定应注意以下几点。

（1）明确本次课的主要教学任务及教学目标。教学任务及教学目标的确定，应以培养目标和教学大纲、教学进度的具体要求、教材性质与学生的实际情况为主要依据。

（2）确定合理的课程组织模式及教法。组织模式及教法应以本次课的主要任务为主要依据，以保证课堂顺利、严谨地进行。

（3）注意教学的完整性和系统性，各个课次之间应承上启下，做好衔接，循序渐进。

（4）充分了解本次课的客观条件，主要包括学生的人数、学生的基础、接受能力及运动场地、器材、设备等。

（5）编写教案应注意合理选择和运用教法步骤、练习方法，合理安排练习次数和运动负荷。

（6）篮球教学课并非一成不变，教学对象也存在诸多不确定性，因此，篮球教案的制定应做到区别对待，因材施教。

3. 篮球教案制定的具体格式

篮球教学中教案格式的选择具体可以根据实际情况有针对性地进行，较常用的主要有表格式和条文式两种，具体分析如下。

（1）表格式教案

表格式教案的特点是直观明了，方便教师填写和查找。一般来说，当教师确定课的任务之后，可按表格各栏的先后顺序，将每一部分的教学内容、组织教法、练习次数、运动量、其他有关事项及课程小结依次填入表格（表 2–2）。

表 2–2　篮球课表格式教案

上课日期	年 月 日				授课教师
班级			第 周	场地	
人数		男	第 次课	器材	
		女		媒体	
教材内容				教学任务 / 目标	
重点难点					
教学过程	教学内容和达成目标	教学组织与方法			练习
		教师教法	学生学法	次数	时间
作业和参考文献推荐					
病弱处理					
课后小结					

（2）条文式教案

条文式教案多用于篮球理论课的教学，除填写表格式课时计划规定的项目外，还以讲授提纲与组织教法的方式配合理论课讲稿共同使用。

第三节　高校篮球运动教学的创新

一、游戏教学法在篮球教学中的应用

（一）在篮球准备活动中的应用

篮球实践课教学中，教师往往会让学生先做一些准备活动，最常见的活动就是绕篮球场地慢跑或做定位操，这些活动比较乏味，很难激发学生的兴趣。所以，教师可以在篮球教学的准备活动阶段组织一些篮球游戏活动，以此来激发学生参与学习的积极性，并促进准备活动效率与质量的提高，为学生之后的技战术学习奠定良好的基础。适合在篮球教学准备活动阶段开展的游戏活动主要有以下两类。

（1）能够使学生注意力集中，促进学生各关节灵活性、柔韧性增强和动作协调性提高的游戏，如“相互拍背”等。

（2）熟悉球性的相关游戏，学生可自由使用篮球，以此来强化球感，并促进支配及控制篮球的能力的提高。

需要注意的是，在篮球准备活动中引入篮球游戏，需合理控制运动量，避免运动量太大，否则会使学生过早出现疲劳症状，对之后的学练产生不利影响。

（二）在篮球体能训练中的应用

体能是运动员竞技能力的重要组成部分，运动员只有具备良好的体能素质，才能更好地掌握篮球技战术，充分发挥自己的竞技能力。因此在篮球教学中必须注重对学生体能素质的培养。目前来看，很多学生在上完篮球课后，普遍都感觉很疲劳，这说明学生平时缺乏锻炼，体能素质较差，而且教师也没有注意到这一点。

为了促进篮球教学实效性的进一步提升，教师应该将体能训练安排到篮球实践课的教学中，并通过游戏的方式来培养学生的体能素质，为学生学练篮球技战术奠定良好的身体条件。例如，在篮球体能训练中，教师可对“跳绳接力”游戏进行组织，将所有上课的学生分为人数相同的若干组，要求各组学生按纵队队形在绳子后站好，从起跳处开始将3根橡皮筋拉撑（每根之间相距1.5米，橡皮筋的高度依次为95厘米、75厘米、65厘米）。做好准备后，正式开始游戏，要求每组学生依次跳过3根橡皮筋（双脚离地），全部跳过得10分，要避免碰触橡皮筋，触碰一次扣1分，最后看哪组的学生得分多，多的那组获得游戏的胜利。这种游戏具有较强的娱乐性，可以在轻松愉悦的氛围中增强学生的腰腹力量和腿部力量，改善和提高学生的身体机能与身体素质。

（三）在篮球技术教学中的应用

在篮球教学中，最为核心的一项教学内容就是技术教学。为了提高技术教学的效率和效果，教师可以在篮球技术教学的不同阶段有选择地运用篮球游戏教学法。

1. 运动技能形成阶段

在最开始进行技术动作教学时，还不适宜组织一些篮球游戏。在这一阶段，教师应充分发挥自身的主导作用，将语言教学和直观示范的教学方法有机结合起来对篮球技术动作的要点进行讲解与示范，然后让学生反复练习，促进学生对篮球技术动作基本结构的了解与掌握。刚开始，学生不熟悉新的篮球技术动作，所以在练习过程中，会出现动作僵硬、不协调的问题，如果此时将篮球游戏引进来，学生就会出现多余动作，多余动作会严重干扰学生对新技术动作的学习和掌握，这样学生就无法将精力集中在新技术动作的学习中，游戏带来的额外刺激感会对学生新技术动作的定型造成严重的影响。如此一来，篮球游戏不仅没有发挥应有的作用，反而给学生带来了干扰，影响了后面的学习。

2. 运动技能的巩固和提高阶段

在篮球运动技能的巩固和提高阶段，教师可科学合理地利用篮球游戏进行辅助教学。学生经过不断的练习，对篮球技术动作有了较深的认识与熟练的掌握，但稳定性还比较差，如果受到新异刺激的干扰，技术动作很容易就会发生变形。所以在这一阶段，教师的主要任务就是要使学生巩固已掌握的篮球技术动作，而游戏可以达到巩固与提高的目的。需要注意的是，组织篮球游戏一定会涉及胜负的问题，所以在组织游戏的过程中要强调游戏的准确性、公平性和规范性，制定相应的游戏规则，使学生在规则允许的范围内参与游戏。例如，组织“罚球连中”游戏时，教师可制定这样的得分规则，即罚中一球 1 分，连续罚中两球 4 分，哪队先获得 12 分，即获胜。这样的规则会引起学生对投篮质量的关注与重视，投篮命中率就会大大提升。经过不断的练习，学生会更加牢固地掌握篮球技术动作，其动作定型会更加稳定。

3. 运动技能自动化阶段

如果学生掌握篮球技术动作已经达到了自动化阶段，即在篮球比赛中能够熟练灵活地运用篮球技术时，教师需选择对抗性强、组合性特征明显且具有一定难度的篮球游戏来进行辅助教学。例如，为促进学生身体对抗能力及运球过程中护球能力的进一步提升，教师可组织“抢球”或“护球”游戏，使学生在竞争类的游戏中熟悉巩固所学技术。

（四）在篮球战术教学中的应用

篮球战术是篮球教学体系中的重难点内容，对学生团结合作的集体主义精神进行培养是进行篮球战术教学的主要目的，通过战术教学，不但要使学生对篮球配合方法进行掌握，还要使学生在篮球战术实施中充分发挥自己的主观能动效能。为了促进篮球战术教学效果的进一步提升，教师需适当地开展能够吸引学生注意力的篮球游戏。

篮球战术包含多方面的要素，如意识、技术、阵势、路线等，其整体性、综合性、多样性及机动性等特征非常突出，而且有丰富多样的组织形式和配合方法。篮球战术配合有简单的配合，也有复杂的配合，将篮球游戏用于简单的战术配合训练中更为合适，如果在复杂的战术配合中采用游戏的方式进行教学与训练，篮球的多元要素就难以集中体现在游戏中，这样篮球游戏的作用就无法得到发挥。所以，教师要注意在简单的战术配合中引入篮球游戏，以此来促进篮球战术教学实效性的提升。

总的来说，篮球游戏教学是一种非常有效的辅助教学手段，其不但可以促进篮球教学趣味性的提高，还可以从根本上对学生学习篮球知识与技能的热情、积极性进行激发。教师在对篮球游戏进行选择或设计时，应充分结合具体的教学内容来进行，努力对轻松愉快的学习环境进行创建，使学生在轻松愉悦的氛围中树立篮球意识，提高篮球技能，锻炼身体，实现全面发展。

二、案例教学法在篮球教学中的应用

篮球案例教学指的是通过教师的精心策划及细心指导，基于整个新课程标准的理念，根据篮球教学的目的及内容，充分进行教学内容与实际教学情况分析，并来运用经典案例进行教学的过程。

（一）选择案例

篮球案例教学方法实施的基础是选择案例，在具体的选择过程中，教师必须参考大量的素材，并掌握丰富的案例编写知识，同时还要在遵循科学原则的基础上对案例进行有序的编写。选择课题、搜集资料、编写案例与设计讨论等是案例编写的一般程序。一个好的案例在教学过程中往往能够起到很好的教学效果，并且能够使学生学习的积极性得到大大提高。

（二）运用案例

作为整个篮球案例教学的一个重要步骤和环节，案例的运用一般出现在篮球课堂教学中。学生只有对教师所选用的篮球案例有了充分的理解，才能提高篮球案例教学的效果。所以，教师在运用案例的过程中，一定要将案例中所包含的基础知识详细地描述出来，并且充分引导学生积极主动地分析案例，从而促进学生篮球学习兴趣的提高，促进学生篮球理论知识的丰富及实践能力的提高。

（三）分析讨论案例

篮球案例教学方法比较开放，师生间的互动程度直接影响案例教学的成功与失败，因此教师应促进学生主动性的充分发挥，并且将案例与理论之间的关系有机联系起来，从而引导学生积极讨论案例的变化规律。此外，教师还应主动对民主和谐的教学氛围进行营造，使学生在宽松自主的状态下对篮球知识进行学习。教师也可以采用分组讨论等方式来提高学生分析和讨论案例的积极性，从而增强学生之间的沟通。

三、俱乐部教学模式在篮球教学中的应用

篮球俱乐部教学模式是我国近些年来开始出现的一种新型教学模式，而且多出现在高校，下面重点探讨高校篮球俱乐部教学模式的构建及运用。

（一）篮球俱乐部的概念

篮球俱乐部型教学是一种新型的教学模式。它是根据现代学校人才培养的目标，结合学生对篮球教学的需求，根据学生兴趣爱好与特长，基于自发与自愿的原则，组织起篮球教学与课外活动的团队，定期开展篮球教学与竞赛活动，目的是使学生掌握篮球技能和方法，培养和建立学生终身体育意识，充分发挥个人能力，培养其对篮球运动的兴趣与爱好，为终身体育奠定基础的一种篮球教学模式。

（二）篮球俱乐部教学模式构建的程序

1. 制度、职责的构建

构建篮球俱乐部教学模式的前提是对切实可行的篮球俱乐部相关制度进行制定。在篮球课程教学改革的背景下，只有以本校发展实际为基础，对具有可操作性的篮球俱乐部教学模式相应的制度和职责进行制定，才能使俱乐部教学模式的顺利实施得到保障。

在制度与职责的构建中，需要明确篮球俱乐部的性质、篮球俱乐部的宗旨，并严格规定篮球俱乐部会员的资格要求。

2. 组织机构的构建

在学校条件和活动经费允许的情况下，为了使篮球俱乐部可以高效运营，需设立策划部、秘书部、财务部、教练部等相关组织机构。

设立上述机构后，需要对相关人员进行安排，下面重点分析教练部的人员安排及职责。

每个篮球俱乐部一般会安排一名主教练，若干名助理教练，通常助理教练与俱乐部成员之间的比例是 1 ： 300，助理教练可以由学生担任，很多学校将此纳入了学生勤工助学的范畴。主教练的职责主要是对篮球俱乐部的成员提供技术指导，安排俱乐部教学，对俱乐部教学时间进行确定，对参加的人数进行统计等。助理教练一般听主教练的指示来履行工作职责，最主要的职责是为俱乐部成员服务，在俱乐部成员参加篮球活动的过程中，向其提供有效的技术指导。

3. 课程体系的构建

篮球俱乐部课程体系构建主要从两方面进行，即理论教学体系构建和实践教学体系构建。

4. 积分指标的构建

篮球俱乐部成员的积分指标也就是篮球成绩指标，其包括考勤指标、体测成绩指标、篮球专项成绩指标、俱乐部比赛成绩指标等。

篮球俱乐部实施会员积分制，主要是为了考核俱乐部成员一学期以来的学习情况，以积分为依据来对俱乐部学员一学期的篮球总成绩进行考核和评定。

四、其他新型篮球教学方法与模式

（一）掌握学习教学法

掌握学习教学法是现代篮球教学中运用比较多的一种教学方法。在具体的运用过程中，教师以篮球教学目的任务和初始测量的结果为依据，将篮球教材内容分解成几个不同层次的目标体系，然后再以此为依据对相应的评价标准进行制定。在掌握学习教学法的整个实施过程中，即在教学开始、教学中和教学结束，都要贯穿教学状态的评价。不同环节实施的评价是不同的，第一环节实施初始评价，第二环节实施形成性评价，最后实施终结性评价。评价结果是重要的反馈信息，教师通过分析评价结果，可以对预期教学目标的达成度有所了解，然而根据目标达成情况采用有效措施（重复教学、调整、强化和个别辅导等）来进一步实现各个层次的教学目标，最终达到使所有学生都掌握本节课教学内容，都有所进步和发展的教学目的。

（二）指导发现教学法

指导发现教学法对于发挥学生的主体作用具有重要的意义。在篮球教学中，教师运用指导语的方式来适当改变篮球教学内容，使教材上的内容成为学生需自行解决的问题，而且不是轻而易举就能解决的，是需要学生付出努力才能解决的，同时，教师还要通过改造将大量直观的和可分析的感知材料提供给学生。

学生在上篮球课前需对篮球知识进行预习，形成自己的理解，并将自己无法解决的问题带到课堂上，通过听教师讲和与教师互动来对问题的解决方案进行探索，教师在帮助学生解决问题时，不能直接告诉学生答案，而应教给其一些分析和归纳的方法，使学生自行总结，并找到解决问题的方法。

一般来说，在篮球战术教学中采用这一教学方法更为合适，效果更为明显，有利于学生对篮球攻防关系和战术要点的深入理解。

（三）合作学习教学法

合作学习教学法在现代篮球教学中很受学生的欢迎。在教学开始，教师将班级学生分为几个小组，也可以由学生自由结合成几个组别，分好组后，教师要在每个组选一名学生作为组长，或者由学生自己推选组长，然后教师布置学习任务，小组学生共同探讨，共同完成任务。在这个过程中，小组长要发挥带头和率领的作用，积极帮助同组的成员，并带动组员相互帮助。

在合作学习中，教师可以组织丰富多样的活动方式，这有利于学生对篮球教学内容的全面掌握，也有利于培养学生的合作意识与能力，促进良好学习环境和人际关系的形成。在这样的环境中，学生的学习效率会大大提高，合作学习教学法的作用也能够得到充分的发挥，进而实现预期的教学目标。

（四）多元智能教学模式

1. 多元智能教学模式的基本阐释

篮球多元智能教学模式指的是为了更好地提升篮球教学效果，顺应学生发展与篮球教学规律的特征，通过将多元智能教学的精髓贯穿到篮球教学过程中，构建出具以多元化的篮球教学方式、篮球教学内容、篮球教学方法、篮球教学评价等为特征的篮球教学模式。

构建多元智能教学模式后，需在教学实践中检验其科学性与合理性。如果要在篮球教学过程中对这一模式进行运用与检验，教师需先向学生讲解与示范篮球技战术的动作和要领，让学生对篮球技战术有一个基本的掌握，这有利于促进学生独立解决问题能力的有效提升。学生在学练篮球技术的过程中，会对篮球和环境形成一定的感知，即产生知觉上的体验，此时篮球技术教学的效果就会受到学生实践体验程度的影响，如学生的控球能力、学生全身的协调能力等。在篮球实战过程中，教师要善于将每个教育契机抓住，在合适的时机传递与反馈“重要信息”，这样才能更好地控制教学节奏，促进教学效果的提高。

2. 多元智能教学模式对篮球教学的影响

（1）对学生语言表达能力的影响

在篮球教学过程中，师生之间交流的主要手段是语言，教师通过语言来讲解教学内容，提出对学生的要求，学生通过语言来反馈自己接收到的信息。因此，篮球教师大多数是用语言法、直观法等传统方法来对学生进行指导的。在篮球实践课的教学中，教师使用频率最高的教学方法是语言法和口令法，这些方法不但可以使学生从思维上对教学内容形成清晰的认知，还能够使学生对所学内容有深入的理解，并通过自己的身体语言将接收到的知识信息表现出来。所以，具备良好的语言表达能力是对篮球教师的一项基本要求。从理论角度上来看，多元智能模式指导下的篮球教学比传统教学更有利于培养学生的语言表达能力。

（2）对学生篮球理论知识学习的影响

作为篮球教学的一项重要内容，篮球专业理论知识的传授对于学生掌握篮球技战术具有非常重要的影响，学生只有先掌握了专业理论知识，才能够更科学地学习和运用篮球技战术。多元智能模式下的篮球教学形式有很多，如分组教学、问题情境教学等，这些形式有利于促进学生之间的交流，使学生主动探讨一些学习问题，从而使学生对篮球知识和技能的认知进一步加深了解，进而获得良好的篮球学习效果。所以，教师可以运用多元智能教学模式来促进学生对篮球专项理论知识的学习与掌握。

（3）对学生篮球技术的影响

篮球技术教学有利于充分挖掘学生的身体能力，使学生有效地掌握篮球攻防的方法。在篮球教学中，篮球技术、篮球技能都是最为核心的教学内容，同时也是促进篮球教学效果提升、培养学生篮球兴趣的重要途径。多元智能教学模式下的篮球教学对学生的个性特征与学习风格更为重视，并在教学过程中以不同智能的特征为依据，将符合学生身心发展规律的具有创造性的篮球教学方式提了出来。通过向学生展示篮球技能、组织学生观看篮球视频等手段让学生对篮球动作的结构有更为清晰的了解，帮助学生深入参与篮球重点技术环节，并结合学生自身的特征为其获得有效的学习效果创造良好的条件。

3. 多元智能教学模式在篮球教学中的应用路径

（1）对学生的篮球潜能进行激发，构建多元化的学生智能观

随着人类智能理论的不断发展，多元智能理论逐渐形成，这是对传统智能理论的改革与创新。在篮球教学中，教师要有这样一个认识，学生之间存在着智能上的差异，但不同学生都有各自的智能优势。在这一认识基础上，教师在组织篮球教学的过程中，要以高度的责任心将每个学生的智能优势重视起来，使学生在篮球课堂中学会对篮球中的快乐因素进行体验，并学会通过一些技巧来掌握篮球运动技能。教师要善于挖掘与激发学生的各种智能，以此来提高篮球教学水平，实现篮球教学目标。

（2）篮球教师要不断转变观念

多元智能教学模式的实施对教师提出了一些要求，首先篮球教师要具备对学生的专业素质进行评估的能力，在评估之前要先对学生的学习情况进行敏锐的观察，从而对学生的篮球兴趣情况加以了解，在此基础上全面客观地评价学生的篮球能力。这种评价方式比传统上只以体育成绩作为评价标准的方式更为客观与合理。此外，在篮球教学过程中，教师要充分发挥指导者的作用，以学生的智能类型、学习兴趣为依据，帮助学生对更为适合的学习方式进行选择，从而使学生获得全面的进步与发展。

（3）体育教师要树立积极乐观的学生观

多元智能理论指出，作为一个独立个体，学生的智能也具有相对独立性，学生的智能以不同的方式组合，并不同程度地外显。所以，在篮球教学过程中，教师不能以学生的篮球运动能力对学生进行等级划分，将学生分为优生和差生，这是不正确的学生观。相反，教师应树立积极乐观的学生观，科学指导每个学生，使每个学生的运动能力都能得到一定的提高。

（4）以学生的个体差异为基础因材施教

篮球教学必须遵循因材施教的原则，多元智能理论提出因材施教的依据主要有两方面，一方面，不同学生的才能表现与发展有一定的群体特征；另一方面，学生有不同的智能表现和发展的个体特征。学生的智能是多样化的，因此教师在具体的教学过程中，要以学生普遍的智能特点、学习兴趣等为依据对适合更多学生学习的教学方法进行选取和设计，从而使学生普遍都能够有所收获。

（5）以科学的评价实现多元智能教学模式的目标

教育评价方式不同，其反映的智能观也就不同。多元智能理论指出，学生的智能是在一定的文化环境中学习机会与个体生理相互结合的产物。所以，不同的学生、不同的认知过程都会有学习状态的客观存在。这就要求教师在组织篮球教学评价的过程中，采取多样化的教学评价标准，以科学有效的评价方式来对学生的学习信心进行激发。学生的篮球成绩是主要的评价指标，但不是唯一的标准，教师不能只通过考试成绩来评价学生，这是片面的，也是不科学的。除了成绩之外，学生的单项技能、学习积极性、情感态度、运动能力等也是重要的评价要素，只有从多方面出发，才能充分发挥篮球教学评价的功能与价值。

（五）即兴展现教学模式

即兴展现教学模式是以学生全面发展、提高学生在教学情景中自我表现与创新能力，以提高教学效率为目标，以教材对学生年龄特征的“适切性”、教学科学性与艺术性的统一为追求，注重建立师生互动、自我展现的良好课堂情境和和谐气氛的篮球新型教学模式。学生自主发挥表现力和创造力是即兴展现教学模式的核心。

在篮球教学中实施即兴展现教学模式，可以将教学中心转向学生，突破以教师为中心的传统课堂模式，这样学生的主体作用才能得到充分发挥，也才能获得良好的学习效果。此外，在这一模式的实施过程中，篮球教学已不再是传统的传习与说教了，学生是在仿真的现实情景中潜移默化地、自觉主动地接受篮球知识与技能教育。

构建即兴展现篮球教学模式需要融合多种要素，做多方面的工作，如对课的结构进行改造、对良好的课堂教学环境与气氛进行营造、对即兴自我展现的内容进行开发与设计、实施即兴自我展现的评价方式等。对改革课的结构这一环节来说，“集合—整队—准备—主教材—下课”的传统篮球课结构将会被“动起来—乐起来—想起来—自我展现起来”的新型结构替代，这样更有利于增加教学的趣味，提高学生的学习兴趣与积极性。

第三章　高校篮球运动的育人价值

苏联著名教育实践家和教育理论家苏霍姆林斯基说过：“我们力求使学生深信，由于经常的体育锻炼，不仅能发展身体的美和动作的和谐，而且能形成人的性格，锻炼意志力”。其中就提出了体育对于人的性格和意志力有着明显的影响。

叶澜教授在“新基础教育”发展性研究报告集中指出，“任何一门学科的教学，都要认真分析本学科对学生而言独特的发展价值，它除了指该学科领域所涉及的知识对学生的发展价值外，还应该包括服务于丰富学生对所处的变化着的世界的认识，为他们在这个世界中形成、实现自己的意愿提供不同的路径和独特的视角；学习该学科发现问题的方法和思维的策略、特有的运算符号和逻辑；提供一种唯有在这个学科的学习中才可能获得的经历和体验；提升独特的学科美的发现、欣赏和表现能力”。叶澜教授是我国著名教育家，现为华东师范大学终身教授、博士生导师，曾任华东师范大学教育系系主任、教育科学与技术学院院长、华东师范大学副校长，现任华东师范大学基础教育改革与发展研究所所长、华东师范大学学报（教育科学版）主编等职务；已出版的专著有《教育概论》《教育研究方法论初探》《“新基础教育”论——关于当代中国学校变革的探究与认识》等；是我国当下最著名的教育学权威人士之一，也是其首次对育人价值这一概念进行了详细的阐述和分类。

这一关于育人价值的概念和分类受到当前学术界的普遍认可，至少包括四个层面：一是该学科知识促进了学生的发展；二是该学科提供了认识世界的独特视角；三是该学科提供了思考问题的独特逻辑与独特思路；四是该学科提供了独特美的发现、体验与表现。概括来说，学科的育人价值包括学科知识、认识世界、思考逻辑和情感审美四个方面，认识世界的方式与思考问题的逻辑在本质上是一致的，也就是人的思维。

第一节　篮球运动对大学生身体健康的影响

一、篮球运动对身体形态和机能的影响

人的健康是由身体、心理和社会适应能力三大方面组成的。在身体健康方面，体育锻

炼对身体形态和身体机能有重要的影响。为此，这里着重介绍篮球运动对大学生的身体形态、心血管系统机能和呼吸系统机能的影响。

（一）篮球运动对身体形态的影响

人体的形态是以骨骼为支架，关节为支点，肌肉为牵拉（收缩）动力进行的身体塑造。经常参加篮球运动，会对人体骨骼、肌肉和身体成分产生重要影响。

1. 篮球运动对人体骨骼的影响

骨骼是人体内最坚实而又具有一定弹性的组织。骨的表面有一层很薄的结缔组织，称为骨膜，骨膜下面是一层结构很坚实的骨密质，骨密质越厚，力量就越强。骨的里面有造血细胞和丰富的血管和神经，它具有修补骨骼的能力。在骨的内层和长骨两端是结构疏松的骨松质，骨松质的形态像海绵状，它由骨小梁纵横交错，接受力方向排列，以保持骨的坚固而又不过重。经常参加篮球运动，人体通过不断地奔跑、跳跃、急停和变向等动作，不仅促进了血液循环，增强了新陈代谢，而且有效地促进了骨的结构与功能的变化，使骨密质增厚，骨小梁的排列受肌肉的强力牵拉和外力的刺激作用更加规则有序，增强了骨的坚固性，使韧带在骨骼上的附着部位、结节、粗隆和其他突起部位变得更粗糙，这有利于肌肉和韧带更牢固地附着在骨骼上。这些变化都有利于骨骼承受更大的外力作用，提高了骨的抗扭、抗变、抗断和抗压能力。

经常参加篮球运动，不仅会使骨骼变粗，还可以促进骨骼增长。人的身高是由骨骼发育成长决定的。经常参加篮球运动的青少年，比不爱运动的同龄人平均高几厘米。这是因为骨骼两端有软质的骨骼，这层骺软骨在新陈代谢的作用下，不断地骨化进而变为硬骨，同时又不断增生新的软骨，促进了骨的加长。这种变化过程在儿童和青少年时期十分明显，一般到 25 岁左右骨骼才会完全骨化、停止增长。

2. 篮球运动对人体肌肉的影响

骨骼肌通过收缩，围绕着关节拉动骨骼，产生人体的各种运动。因此，骨骼肌是实现人体运动的动力。研究证明，经常参加篮球运动可以使骨骼肌的形态、结构和功能发生一系列的适应性变化，具体表现在以下几个方面：

（1）篮球运动可以增加肌肉体积

肌肉由肌纤维（又称肌细胞）组成，肌细胞是肌肉活动的基本功能单位。实验证明，经常参加篮球运动可使肌纤维增粗，从而使整块肌肉体积增大。此外，耐力训练可使快肌纤维向慢肌纤维转化，也会使肌肉体积增加。

（2）篮球运动可以增强肌肉结缔组织

在篮球运动中肌肉反复地被收缩和牵拉，这不仅可以促进肌腱和韧带中的细胞增生，也可使肌外膜、肌末膜和肌内膜增厚，使肌肉变得结实，抗牵拉强度提高，从而增强肌肉的抗断能力。

（3）篮球运动可以影响肌纤维的类型

篮球运动是一项集速度、力量、爆发力、耐力、灵敏性和柔韧性于一体的运动项目。篮球运动中表现出的力量对抗动作，可使肌纤维得到最大限度的发展，快肌纤维增粗明显。篮球运动中体现出的耐力，可使肌纤维中线粒体数量增加，体积增大。

（4）篮球运动可以影响肌群收缩的协调性

篮球运动中运动员经常需要快速起动、急停变向、攻防转换等。这些技术通过脚蹬碾和腰腹肌等发力，改变身体位置、方向和速度，使原动肌、对抗肌和固定肌共同收缩，相互配合，共同协调，以确保动作的完成，从而改善和提高了这些肌群的协调性，使肌肉收缩的效率得到充分发挥。

（5）篮球运动可以增强肌耐力

经常参加篮球运动，首先会使肌糖原含量增多，从而增加了肌肉内能源储备；其次也会使肌红蛋白含量增多，使肌肉中储存氧的能力大大提高，减少乳酸的生成，延缓运动性疲劳的产生；最后会使肌肉中线粒体数量增多，体积增大，肌肉中有氧氧化能力增强。研究发现，篮球运动中肌纤维中的毛细血管开放的数量为安静时的 20~30 倍，这样可以加快肌肉中的血液循环，有利于肌肉进行长时间的紧张工作。

3. 篮球运动对身体成分的影响

身体成分主要是指人体的骨骼、肌肉和脂肪占人体总体重的比例。由于骨骼的比重比较稳定，肌肉的比重变化也不十分明显，变化最大的是脂肪部分。所以人们对身体成分的关注自然就落在了脂肪方面。体脂率是指人体内脂肪重量在人体总体重中的比例，又称体脂百分数，它可以反映人体内脂肪含量的多少。正常成年人的体脂率分别是男性 15%~18%，女性 25%~28%。大学生经常参加篮球运动（不是专业运动员的竞技运动），绝大多数都是有氧运动。有大量实验数据表明，有氧运动可以明显增加脂蛋白酶（LPL）的活性。脂蛋白酶活性的增加，可以促进运动中和运动后体内的脂肪分解，增加脂肪的利用率，促进肌肉发达有力，肌肉体积增大，体脂率下降，达到强身健体、保持健美体形的目的。此外，正常人骨骼肌重量约占体重的 40%，而经常参加篮球运动的人可达到 45%~50%。男大学生通过长期的篮球运动训练，上臂皮脂、背部皮脂、腹部皮脂的厚度明显减少，胸围、腰围、大腿围和小腿围的指数都明显低于锻炼前，健身和健美效果明显。

（二）篮球运动对心血管系统机能的影响

1. 篮球运动对心脏泵血功能的影响

（1）篮球运动能使心肌收缩力增强

篮球竞赛是一项时间较长、强度较大的运动项目。在篮球运动中，运动员的心输出量保持在一个较高水平，使心肌合成代谢增强，心肌收缩蛋白增加，心肌纤维不同程度地增粗肥大，心肌细胞的功能活动增强，同时毛细血管功能活动增强，有利于心肌运动时氧的弥散与营养物质的供应。研究表明，篮球运动可使心肌细胞内毛细血管分布与功能结构增多。心脏的这些结构与功能的变化，有利于心肌有氧氧化供能，使心力储备和心肌收缩功能增强，每搏心输出量增加。

（2）篮球运动能使心腔容量扩大

运动时由于肌肉活动，需要消耗大量的氧气和营养物质，同时会产生较多的二氧化碳等代谢产物。为此，必须加快血液循环，输送氧料，带走代谢物，即加快新陈代谢。因此，经常参加篮球运动，会使心肌增厚，心腔容量扩大，包括左、右心室和左心房的增大，有利于每搏心输出量的增加。

（3）篮球运动有助于静脉回流量增多

人在进行篮球运动时，由于肌肉和关节的感觉神经传入冲动，使大脑皮质强烈兴奋、迷走神经张力减弱而交感神经张力增高，使肾上腺髓质分泌肾上腺素和去甲肾上腺素增多，进而使运动员的心搏加快、加强，腹腔内脏血管收缩，肌肉血管舒张，通过血液重新分配，使血液循环量增加。此外，由于肌肉血管舒张，外周阻力下降而继发性引起呼吸运动加强，胸膜腔内压增高，这些因素都有利于静脉血液回流，自然也有利于每搏心输出量的增加。

2. 篮球运动对血液循环系统功能的影响

（1）篮球运动能使血管壁增厚

经常参加篮球运动有利于增厚动脉血管壁的中膜，并使平滑肌和弹性纤维增多。通常情况是大动脉的弹性纤维和中等动脉的平滑肌细胞增长占优势。

（2）篮球运动有利于增加毛细血管的数量

研究发现，经常参加篮球运动，能使骨骼肌内的毛细血管分布的数量增加，这有利于提高器官的供血功能；还能使心脏周围毛细血管的数量增加，心室肌毛细血管密度增大，冠状动脉增粗，这有利于心肌的血液供应和对氧的利用。

（3）篮球运动有利于提高血氧饱和度

血氧饱和度是指血液中血红蛋白（Hb）与氧结合的程度。血液中 Hb 可以结合氧和解离氧，是人体必需的氧载体。血氧饱和度是反映血液运输氧的能力的重要指标。人体除了红细胞中的 Hb 可以运载氧之外，肌肉中的肌红蛋白也是一种含铁蛋白质，其性质与 Hb 一样。经常参加体育运动可以使血氧饱和度增高，肌红蛋白增加，机体内含氧量增强。

3. 篮球运动对微循环系统功能的影响

通常情况下，骨骼肌中微循环的迂回通路只有 20%~30% 的真毛细血管处于开放状态，它的舒张和收缩功能主要与局部代谢物的积累有关。参加篮球运动时肌肉中的代谢产物会增多，这促使真毛细血管开放增多，有利于肌肉获得更多的氧，以满足机体代谢的需要。在直捷通路中后微动脉和后微静脉更加吻合，血液流速增快，动静脉吻合支开放量增加，皮肤血流量增多。

（三）篮球运动对呼吸系统机能的影响

1. 篮球运动对肺活量的影响

（1）肺活量的含义

肺活量是指人体尽最大努力吸气后，所能呼出的最大气量。肺活量有较大的个体差异，它与年龄、性别、体表面积、体位、呼吸肌力量、胸廓弹性等因素有关。肺活量反映了人一次通气的最大能力，是最常用的测定肺通气机能指标之一。

（2）篮球运动有利于增强肺活量

正常成年人男性的肺活量为 3500 毫升左右，女性约为 2500 毫升。经常参加篮球运动能使呼吸肌得到发展，胸围加大，呼吸深度加深，肺和胸廓弹性增强，安静时呼吸次数降低，肺活量增大。研究表明，篮球运动员的肺活量较常人要大，优秀运动员可达 7000 毫升左右。经常参加篮球运动的大学生，肺活量明显增加，有氧运动能力有显著提高，这说明篮球运动对改善机体的生理机能有积极的影响。

2. 篮球运动对肺泡通气量的影响

（1）肺泡通气量的含义

肺泡是人体进行气体交换的主要场所。肺泡通气量是指每分钟吸入肺泡的新鲜空气量。在每次吸入的空气中，总会有一部分气体滞留在呼吸道细支气管内，这部分气体是不能进行交换的，故称为解剖无效腔。如一名体重 70 公斤的男性，其解剖无效腔的容积约为 150 毫升，因此，从气体交换的角度讲，只有进入肺泡的气体才是有效的通气量，即肺泡通气量。所以要提高肺泡通气量，在运动时应尽可能进行深而慢的呼吸。

（2）篮球运动可以增加肺泡通气量

一般人在安静时每分钟呼吸 12~16 次，每次呼吸吸入的新鲜空气约 500 毫升，每分钟肺通气量为 6~8 升；而剧烈运动时呼吸次数可增加至每分钟 40~50 次，每次吸入空气达 2000 毫升以上，为安静时的 4~5 倍，每分钟肺通气量可高达 70~120 升。经常参加篮球运动可导致安静时呼吸深度增加，呼吸频率下降。在肺通气量相同的情况下，运动员的呼吸频率要比无训练者低，因为前者的肺泡通气量和气体交换频率增大，即肺通气效率更高。

3. 篮球运动对最大吸氧量的影响

（1）最大吸氧量的含义

人体大肌肉群经过长时间的激烈运动，心肺功能和肌肉利用氧的能力达到本人的极限水平时，单位时间所能摄取的氧量称为最大吸氧量，通常以每分钟为计算单位。最大吸氧量能够反映机体运输氧的工作能力，是评价人体有氧工作能力的重要指标。

（2）篮球运动可以增强最大吸氧量

人体通过呼吸系统摄取到氧气，再通过心血管系统把氧输送到组织器官。研究表明，经常参加篮球运动可以提高心脏的泵血功能、血液运输氧的能力和组织器官（主要是肌肉）利用氧的能力，还可以使肌肉中的毛细血管增加，线粒体数量增多和体积增大，促进静脉血液回流和有氧氧化酶的活性增加，并可提高肌红蛋白含量和最大吸氧量。

二、篮球运动对身体素质的影响

身体素质大致分为两大类：一类是与普通人健康状况有密切的联系，我们称为身体健康素质；另一类是与人的运动能力和竞技水平有密切的联系，我们称之为身体运动素质。两者之间虽有密切联系，但对普通大学生来讲，毕竟是两个不同的问题，有必要分别论述。

（一）学生身体素质发展特征

在我国，学校按级别可以分为小学、中学和大学，学生的年龄为 7~23 岁，这个年龄范围涵盖了生理学上学龄儿童时期（7~12 岁）、少年时期（13~17 岁）和青年时期（18~25 岁），这一期间学生身体的各个方面都处于不断发育的状态，这里仅对较容易受到体育运动影响的学生身体素质的发展进行综合性阐述。运动生理学上把学生身体素质按照绝对力量、相对力量、速度力量、力量耐力、反应速度、步频、最高跑速、耐力素质和协调能力进行划分，以下将分别进行阐述。

1. 绝对力量的发展特点

儿童 7~9 岁为绝对力量发展的第一个阶段。因为在 7 岁后随着整个身体的生长和各器官、系统机能的发展，肌肉长度开始改变，相对力量有所提高。女孩绝对力量的自然发展从 10 岁开始，分为四个阶段：第一阶段，10~13 岁，力量增长的速度很快特别是屈肌的力量，绝对力量可提高 46%；第二阶段，13~15 岁，力量增长的速度明显下降，绝对力量只增加 8%；第三阶段，15~16 岁，力量增长 14%；第四阶段，16~21 岁，绝对力量增长缓慢，只增长 6%，接近最大力量。男孩在 10 岁以前与女孩差异不大，增长速度也较慢，从 11

岁起男孩和女孩出现差异，增长速度也开始加快。在 11~13 岁期间力量增长最快，18~25 岁力量增长缓慢，到 15 岁左右达到最大力量。

2. 相对力量的发展特点

对男、女孩来说，相对力量发展就较平缓，虽然绝对力量快速增长，但相对力量增长的速率并不大，甚至在个别年龄阶段，例如 12~14 岁，每年只增长 2%~3%。形成这种现象的原因有两个：第一，体重增长较快；第二，在身高增长的最快时期肌肉横断面增长缓慢。要增加相对力量可进行全面训练，通过改变肌肉重量与体重的比例，改善相对负荷与肌肉力量的相互关系，不使肌肉出现过度肥大情况，而提高相对力量。

3. 速度力量的发展特点

男、女孩在 7~13 岁速度力量增长都很快，13 岁后，男女之间的差别越来越大，男孩的增长速度大于女孩，到 16~21 岁时增长速度下降。在儿童时期，与最大力量的发展相比，速度力量发展要快一些，也更早一些。所以，在儿童时期发展速度力量可得到较好的效果。

男孩 7~17 岁，力量耐力的发展呈直线上升。女孩 15 岁前是持续上升的，但 15 岁后则开始停止，甚至下降。

4. 反应速度的发展特点

儿童少年 6~12 岁反应速度大幅度提高，在 12 岁反应速度达到第一次高峰。在性发育阶段，反应速度稍减慢。到 20 岁出现第二次高峰。

5. 步频的发展特点

儿童从 7 岁起步频自然增长，13 岁后开始下降。在阻力较小时，动作频率取决于协调性。因此，在协调性最佳发展期应增加步频的训练。6~13 岁是协调性发展的敏感期，所以，7~13 岁步频也随之自然增长。在此阶段可对儿童少年进行提高步频的训练。

6. 最高跑速的发展特点

男女孩 7~13 岁期间最高跑速的发展几乎是平行的，13~16 岁男女之间开始产生差异，男孩持续增长，女孩落后于男孩。7~13 岁是提高跑速最快的时期，而 10~13 岁期间尤为突出，增长值最大。如果将男女性别分开，男孩在 8~13 岁、女孩在 9~12 岁增长最快。

7. 耐力素质的发展特点

男孩 10 岁时，耐力素质出现首次大幅度提高；13 岁时，再次出现较大幅度的提高；16 岁时，耐力有最本质的提高；15 岁时，男孩已进入性成熟期，此时耐力增长明显减慢。女孩 9 岁时，耐力素质出现首次大幅度的提高；12 岁时，耐力指标再次提高；14 岁后，即进入性成熟期，耐力水平逐年降低；15~16 岁，耐力水平下降最大，16 岁后下降速度减慢。

8. 协调能力的发展特点

儿童 6~9 岁是发展一般协调能力的最有利时期，9~14 岁是发展专门协调能力的最有利时期。随着发育的成熟，从 11~12 岁开始素质训练，力量、速度和耐力能得到较快的发展。协调能力的自然发展在 13~14 岁（个别人到 15 岁）达到高峰。协调能力在学习技术动作的过程中可从灵活性、空间定位能力和节奏感等方面表现出来。

（二）篮球运动对身体健康素质的影响

身体健康素质是与普通大众健康状况有密切联系的一类身体素质，也有人称其为健康体适能。它主要包括四方面内容，即有氧代谢能力、肌肉力量与肌耐力、身体柔韧性。

1. 篮球运动对有氧代谢能力的影响

（1）有氧代谢能力的生理学基础

有氧代谢能力的生理学基础主要包括三方面。

首先是呼吸系统提供氧。呼吸系统由呼吸道和肺两部分组成。呼吸道的主要功能是输送气体，肺部的细胞（肺泡）是进行气体交换的场所。篮球运动可以增加单位时间内气体呼出量，使呼吸肌得到发展、胸廓围度加大、呼吸深度加深、肺泡通气量增加。

其次是心血管系统输送氧。心血管系统由心脏和血管组成。心脏是血液循环的动力器官，它的收缩与舒张推动着血液在心血管系统中周而复始地流动。动脉是引导血液离心的血管，毛细血管是连接小动脉与小静脉之间的血管，也是血液与组织之间进行气体交换和物质交换的场所；静脉是引导血液回心的血管，把血液汇集到大静脉流入心脏。

最后是组织器官利用氧和其他营养物质的能力。人体组织利用氧和营养物质的主要场所是在毛细血管中。毛细血管的口径非常小，为 8μm 左右，仅能通过一个红细胞，血管壁也非常薄。血管壁薄、通透性大，血管中血液流动缓慢，有利于血管内血液与血管外组织进行物质交换活动。

（2）篮球运动时能量代谢的特点

一场篮球比赛的时间是 40 分钟，整个篮球比赛（包括赛前的热身、赛中的暂停、犯规等停表时间）需要 70~90 分钟，整个篮球比赛是在紧张激烈的对抗条件下进行的。进攻队必须在 24 秒内完成一场进攻，这期间要做急停、摆脱、跳投、突破上篮、冲抢篮板球等动作；防守队要进行滑步、移动、顶、抢篮板球等动作。这些突然性的动作所需要的能量主要来自无氧代谢供能，以磷酸源系统（包括三磷酸腺苷，简称 ATP；磷酸肌酸，简称 CP）和糖酵解系统（又称乳酸能）为主。前者供能时间仅可持续几秒，后者供能时间也仅能持续十几秒，最多几十秒时间。所以，在篮球比赛中，一些连续的攻守转换、全场紧逼盯人等大强度的运动，往往会超过 15 秒以上，这时人体所需的能量就主要靠乳酸供能系统来提供。但是就全场篮球运动而言，运动员平均要在篮球场上往返跑 180~200 次，有 5000~7000 米，其间有快速奔跑，也有中速跑，也会有慢跑，所有这些跑都是根据战术需要决定的，尽管其中需要一定的无氧代谢供能，主要是指篮球竞赛中的技术动作，但是在整个篮球比赛过程中有氧供能系统的供能仍占主导地位，占供能总量的70%~80%，其中以肌糖原有氧氧化为主。

（3）篮球运动可以提高有氧代谢能力

现代篮球比赛的运动负荷为高密度、大强度，最大强度时的心率可超过210次/分钟。由于比赛中经常会出现违例、犯规、换人和球出界等情况，使比赛暂时中断，场上运动员可以利用这些时间获得短暂的休整，心率可逐渐下降到25次/10秒左右，所以篮球比赛中大部分时间都是以有氧代谢供能为主，这可使场上运动员保持充沛的体力和旺盛的斗志。

作为普通大学生参加篮球运动或篮球比赛，运动强度要大大小于专业篮球运动员，其有氧代谢供量比例会更大，一般又达到90%以上。因此，经常参加篮球运动可以有效提高肺泡通气量，提高呼吸效率，改善心血管系统机能，促进组织器官中氧化酶活性升高，增强利用氧的能力。

（4）有氧代谢能力的测试

目前国内外学者比较一致的观点是12分钟跑测试和3000米（男）或2400米（女）测试能有效地评价有氧代谢能力，而且方法简单易行，便于操作。它既可以作为一种测试手段，同时也是一种科学有效的锻炼方法。因此，高校体育应该把长跑运动作为评价在校大学生有氧运动能力的重要指标，同时可以利用考试的导向作用，推动广大学生积极参加有氧代谢运动，提高心肺功能。

2. 篮球运动对肌肉力量的影响

（1）篮球运动可以增强肌肉的绝对力量

经常参加篮球运动训练，可使骨骼肌组织增粗，力量增大。骨骼肌组织增粗与肌纤维增粗、肌原纤维增多和肌纤维数量增加有密切的关系。增加肌肉绝对力量（或称最大力量）的另一种途径是运动更多的运动单位。运动单位是指一个运动神经元（神经细胞）与它所支配的一组肌纤维（肌细胞）的总和。篮球运动是一项全身性的运动，运动强度有大有小，人体运动的幅度时大时小，这些都是在神经系统的支配下完成的。经常参加篮球运动，可使神经系统得到较好的适应与协调，逐渐降低或抵消机体的自身抑制机制，募集更多的肌纤维，动员更多的运动单位参与收缩，使相同的肌肉产生更大的肌力。

（2）篮球运动可以增强肌耐力

在日常生活和体育锻炼过程中，除了需要肌肉的绝对力量外，更多的是需要肌肉持续做功的能力，即肌耐力。肌纤维可分为快肌和慢肌两类，其中慢肌又叫红肌。红肌中含有较多的肌红蛋白，红肌发达的人，有氧耐力运动较好。篮球运动可以增强氧化酶的活性，从而引起红肌纤维增粗；还可以提高神经系统的调控能力、促进能量的节省等。经常参加篮球运动，还可以使肌肉中三磷酸腺苷（ATP）的含量增加，提高机体的供能量，促进肌肉中 CK 酶的活性提高、耐乳酸的能力增强，从而提高有氧氧化能力，提高肌肉的耐力，延长肌肉工作的时间。

（3）肌肉力量和肌耐力的测试指标

目前常用的测试指标有以下几种：

1）蹲杠铃：两脚分开，与肩同宽，双肩负重杠铃，腰部挺直，双膝慢下蹲，至 90°左右，快速挺起（膝关节伸直），可连续进行。大重量杠铃主要反映下肢肌肉的绝对力量；中等重量杠铃，多次负重下蹲主要反映下肢肌耐力。

2）卧推杠铃：仰卧在卧推架上，双手抓紧杠铃杆，双臂肘关节做曲伸（肘关节至 90° 左右）动作。大重量杠铃主要反映上肢肌肉的绝对力量；中小重量多次练习主要反映上肢肌耐力。

3）握力：手握握力器，用最大力气握。它是反映人的前臂和手部肌肉力的指标。握力与其他肌群的力量相关，是反映肌肉总体力量一个很好的指标。

4）引体向上：引体向上是反映上肢力量有效的测试指标，同时也是一项锻炼上肢力量的有效练习方法，在锻炼过程中也能够磨炼人的意志品质。

5）1 分钟仰卧起坐：仰卧起坐是反映腰腹肌力量和肌耐力的测试指标，测试过程比较安全，所以成为评价女大学生腰腹肌力量和耐力的常用指标。

6）俯卧撑：俯卧撑是反映手臂力量、胸大肌、三角肌和腹肌力量与耐力的测试指标，也是锻炼上肢和胸腹肌肉力量的常见练习方法。简便易行，因地制宜，可广泛开展。

3. 篮球运动对身体柔韧性的影响

（1）柔韧性素质的生理学基础

柔韧性素质是指人体关节活动幅度的大小，以及跨过关节的韧带、肌腱、肌肉、皮肤以及其他组织的弹性和伸展能力。

1）关节活动幅度。它是指构成关节的骨骼在其关节结构内，做屈、伸、旋内、旋外和旋转的最大可能范围。关节活动幅度与关节解剖面的结构特点、关节周围组织的体积及跨过关节的肌肉、肌腱、韧带等软组织的生理状况有关。

2）肌肉和韧带的伸展性。肌肉和韧带组织的伸展性不仅取决于性别和年龄，而且与中枢神经系统的兴奋性有关（肌肉的伸展性还与肌肉的温度有关）。因此，认真做好准备活动，提高表面肌肉的温度，降低肌肉内部的黏滞度，有利于提高肌肉的伸展性和柔韧性。

3）神经系统对骨骼肌的调节能力。这种调节能力主要表现在改善主动肌与对抗肌之间的协调关系，以及肌肉收缩与舒张之间的协调关系。如果协调能力好，则可以减少由于对抗肌紧张而产生的阻力，有利于增大运动幅度。此外，肌肉放松也能扩大动作幅度。

（2）柔韧性素质与体质健康之间的关系

经常参加篮球运动可以提高柔韧性素质，柔韧性素质与体质健康之间有一定的联系，主要表现在以下几个方面：

1）改善柔韧性素质可以减少软组织损伤。经常参加篮球运动可以拉长肌肉韧带和结缔组织，一般不超过关节伸展的限度，并要有意识地放松对抗肌群，改善柔韧性。人体在剧烈活动前要与准备活动相结合，通过准备活动提高体温，降低肌肉黏滞性，提高其伸展性，从而减少运动损伤。

2）柔韧性素质与腰腿痛有密切的关系。柔韧性通常被认为是体能的一种组成成分而非健康因素。一个健康人能够自由灵活地做出各种动作，必须要具备基本的柔韧性。腰腿疼痛是临床上常见的疾病，产生腰腿痛的原因很多，除少数患者为急性外伤引起外，大多数都是因慢性劳损、退变和柔韧性素质下降而引起的。当柔韧性素质下降，加上腰椎瞬间过度伸展或旋转时，可破坏腰部平衡，引起腰部肌肉、韧带、关节等组织损伤。因此，当我们行走、劳动、负重和体育锻炼时，要注意对腰部肌肉、韧带、椎间盘的保护，防止柔韧性素质的下降，减少腰腿痛的发生。

3）柔韧性是反映人体老化的主要指标。柔韧性是身体素质之一，它反映了人体各关节最大活动的能力。中老年人由于生理老化关节、骨骼、肌肉和韧带都容易发生退行性变化，功能减退，使机体的柔韧性变差，容易使人体活动功能下降。因此，柔韧性素质是反映人体老化的重要指标。

（3）篮球运动可以改善身体的柔韧性

篮球运动中的跑、跳、投、传每一个动作，都需要全身的参与。运动员在场上的位置不同，对全身各关节柔韧性的要求也不相同。所以经常参加篮球运动可以有效改善身体的柔韧性。

在进行身体柔韧性练习时，可采用动力性和静力性拉伸练习方法，注意用力不宜过猛，以防伤害事故发生。在改善柔韧性练习时，还可以把动力性和静力性练习结合起来，把主动练习和被动练习结合起来，可得到更好的效果。柔韧性的测试方法目前主要采用坐位体前屈项目。

（三）篮球运动对身体运动素质的影响

身体运动素质是指与人的运动能力和竞技水平有密切关系的身体素质，它主要包括力量素质、速度素质、耐力素质、弹跳力素质和灵敏素质等。

1. 篮球运动可以提高力量和弹跳力素质

（1）力量素质在篮球运动中的作用

力量素质是篮球运动员的首要素质。首先，篮球运动的各项技术动作都是在一定的力量素质条件下进行的；其次，篮球运动是一项紧张激烈、直接对抗的体育运动，在身体接触和碰撞过程中，力量素质经常起到关键作用。所以力量训练是篮球运动员身体训练的重要组成部分，是提高竞技水平的基础。

（2）篮球运动能提高力量素质

篮球运动员在训练和比赛中经常要进行跑、跳、投、抢等进攻和防守动作，为了使自己跑得快、跳得高，运动员需要充分利用大肌群的力量。通过腿、臂、肩、背、腰，以及整个躯干各肌群的有机协调配合，才会产生最佳的做功效果。因此，经常参加篮球运动可以提高力量素质。

（3）弹跳力素质在篮球运动中的重要作用

弹跳力素质是指通过下肢力量和全身协调用力，使人体迅速弹起腾空的能力。弹跳力素质是由力量素质和速度素质相结合派生出的一种综合性身体素质。它是篮球运动员重要的专项素质，它对争夺篮球场上的制空权，掌握篮球比赛的主动权，激发拼搏精神和鼓舞士气具有重要作用。

（4）篮球运动能提高弹跳力素质

在篮球比赛中，运动员为了更好地完成各项任务，弹跳力成为不可缺少的一种素质。一场普通的篮球比赛，以双方投篮命中率为 40% 计算，双方将会出现近 100 次争夺篮板球的机会。争抢前后场篮板球，不仅可以增加进攻机会，减少对方的进攻次数，而且可以提高士气，振奋精神。篮球运动员为了适应比赛的需要，必须不断提高弹跳力素质。

（5）发展力量和弹跳力素质的练习方法

首先，负重练习是发展力量和弹跳力素质的首选。负重练习可以是肩负杠铃做半蹲式或全蹲练习，也可以身穿加重背心或腿绑沙袋做深蹲跳或跳绳。其次，采用跳深练习也是发展下肢爆发力的好方式。跳深练习是指从一定高度（如跳箱）跳下，落地后即刻向前上方跳起的动作。它训练的是由被动缓冲的离心收缩，快速地转换成向心收缩的爆发力，在训练中应力求缩短转换时间。

2. 篮球运动可以提高速度和爆发力素质

（1）篮球运动可以提高反应速度

反应速度是指人对各种刺激（如声、光、触等）快速应答的能力。这种能力取决于信号通过神经传导所需时间的长短，即机体的感受器官感受到刺激时，由神经元传入中枢神经，再由中枢神经发出指令，经运动神经元传出至肌肉，通过肌肉收缩产生运动。在这一连串的运动过程中又称为反应时。反应时长，则反应速度慢；反应时短，则反应速度快。篮球运动员在看到场上的各种变化时，迅速做出准确的判断，并做出相应的技术动作，这就是良好的反应速度。经常参加篮球运动可以提高感受器的敏感程度，缩短各种信号传导的时间，提高中枢神经系统的兴奋性，使反应时间缩短。

（2）篮球运动可以加快位移速度

位移速度是指在周期性运动中单位时间内人体快速位移距离的能力。位移速度是指通过肌肉系统快速活动形式在最短的单位时间内完成动作。例如，篮球运动员的攻防转换、运球上篮的速度、长传快攻的跑动速度等，都可使神经兴奋与抑制过程的灵活性提高、转换能力增强、双脚频率增快、位移速度加快。当兴奋强度大、传递速度快、协调性能好时，动作速度也必然快。此外，动作速度的快慢还与人体的准备状态、力量大小、速度耐力水平和动作熟练程度有关。

（3）篮球运动可以加快起动速度，提高爆发力素质

篮球场上的突然起动、堵、截、抢断、快攻和投篮等都需要起动速度，往往起动瞬间的快慢就决定了后面动作的成败。篮球运动员通过各种快速、灵活和突变的脚步动作，使身体的位置、方向和速度发生变化，达到进攻时摆脱防守、防守时防住对手的目的，所以经常参加篮球锻炼可以提高起动速度。

爆发力素质与速度素质和力量素质有非常密切的关系。影响爆发力素质发展的主要因素，一是神经过程的强度和速度。神经过程强度越强，神经系统向肌肉发放的冲动和频率越强，肌肉被动用的运动单位数量越多，产生的力量就会越大。二是白肌纤维的数量与比例。白肌纤维具有直径大、收缩速度快、收缩力量强的特点，是爆发力素质的主要物质基础。所以如果白肌纤维比例大、数量多，它所表现出的爆发力水平就高。白肌纤维的数量和比例与遗传因素有密切关系。

3. 篮球运动可以提高耐力素质

（1）速度耐力素质在篮球运动中的重要作用

速度耐力是指在大强度运动中持续工作的能力。篮球比赛 40 分钟，攻防节奏不断变化，运动员要在强度大、变化多、对抗性强的状态下进行时间与空间、速度与高度的争夺。每个回合的跑、跳、投、抢等快速动作绝大多数都是在无氧状态下进行，所以篮球运动员需要良好的无氧代谢能力。由于篮球比赛中经常会出现球出界、违例、犯规、暂停和换人等现象，短暂的调整期为运动员提供了减少“氧债”的机会，所以从整场篮球比赛过程看，运动员的有氧代谢运动占主体。因此，篮球运动是一项既需要速度素质又需要耐力素质的

高强度和高对抗运动。

（2）篮球运动可以提高速度耐力素质

篮球比赛是一项长时间高、中、低强度，重复交替进行的非周期性运动项目，其运动形式和能量供应特点与周期性运动项目有很大的差别。运动员需要具备长时间反复进行短距离和高强度的运动能力。长时间是指比赛的总时间长，一般是每天一场比赛，连续数日；短距离和高强度的运动是指各种急起、急停、滑步与跳跃等脚步动作，这些动作往往距离短，但都属于爆发式的极限强度运动；反复是指上述极限强度运动在一场比赛中需要重复100多次，所以经常参加篮球运动能提高速度耐力素质。

（3）一般耐力素质在篮球运动中的重要作用

研究发现，篮球比赛中运动员有氧供能平均占70%~80%，无氧供能平均占20%~30%。一场篮球比赛，运动员跑动的距离在5000~7000米，比赛时间长，高、中、低强度反复交替进行。因此篮球运动员的供能方式是有氧代谢为主、无氧代谢为辅。这就要求篮球运动员具备良好的一般耐力素质，以及耐乳酸的能力。

（4）篮球运动可以提高一般耐力素质

经常参加篮球运动能使机体有氧氧化能力明显提高，血乳酸清除能力增强，机体对血乳酸的耐受力提高。现代医学证明，长期参加篮球运动训练可以促使人体心血管系统的形态、机能和调节能力产生良好的适应性，呼吸系统的功能得到明显改善，从而提高人体的工作能力。运动实践证明，经常参加篮球运动有利于发展一般耐力素质。

4. 篮球运动可以提高灵敏素质

（1）灵敏素质的含义

灵敏素质是指人体在各种复杂、突变的情况下，快速、准确、协调和灵活地完成动作的能力。灵敏素质是运动技能和各种身体素质在运动中的综合表现，是一种综合性身体素质。它有助于掌握和运用各种复杂的技术和战术，提高应变能力，是篮球运动进入较高水平时必须具备的一项身体素质。

（2）灵敏素质在篮球运动中的重要作用

灵敏素质建立在各种运动素质基础上，它涉及各种素质的发展敏感期，所以发展灵敏素质要通过各种有关素质的良好发展，建立雄厚的运动技能储备，再经过综合发展，运用到篮球运动技能中，从而适应篮球运动所具有的快速反应、及时应变、动作敏捷等特点，并提高篮球比赛的对抗性和可观赏性。同时，经常参加篮球运动，使运动员经常处在快速复杂和多变的环境中进行锻炼，又促进运动员不断适应这种快速多变的对抗性运动，提高人体的灵敏素质。

5. 篮球运动可以提高柔韧性

（1）柔韧性的含义

柔韧性是指人的各个关节的活动幅度、肌肉和韧带的伸展能力。柔韧性的好坏关系到运动员灵活性的高低，同时也是影响运动员伤病率的主要因素之一。篮球运动综合性强，身体各个部位和关节往往需要进行大幅度伸展和急速地收缩变化，要求关节韧带既要被拉伸又要有很好的弹性，特别是手指、手腕、肩、腰、踝和腿部的柔韧性。

（2）柔韧性在篮球中的重要作用

篮球运动是集刚、柔于一体的运动，柔韧性就是篮球之柔的体现，就像橡皮筋一样既能很大地舒展又能迅速回弹，篮球场上的舒展美是柔韧性的最好体现，如变向的幅度、投篮的手指手腕灵活、扣篮和盖帽时身体的充分舒展、空中的躲闪等都需要良好的柔韧性，另外，优秀运动员在出现被动的反关节动作和过度伸展时不容易出现扭伤和拉伤的情况也是良好柔韧性的保护。

长期从事篮球运动可以有效地增加人的关节韧带和肌肉的柔韧性，主要益处在于可以较有效地保护肌肉和关节避免受到伤害，并且增加关节的灵活性。

总之，从篮球运动对运动员身体素质的各项要求并结合一些实际案例，我们反推出了长期从事篮球运动能够很好地促进人的骨骼和肌肉生长，并提高心血管功能和各项身体机能，对于人的身体素质的综合性提高有一定的价值。

第二节　篮球运动对大学生智力思维的影响

一、提升大学生的智力水平

古希腊格言说：“如果你想强壮，跑步吧！如果你想健美，跑步吧！如果你想聪明，跑步吧！”著名教育家斯宾塞说：“身体既是心智的基础，发展心智不能使身体吃亏。”可见体育锻炼对于人智力的积极影响是得到公认的。传统体育认知出现过认为体育项目是纯粹的身体表现，与人的智力和精神状态无关，体育人也长时间被误解为“四肢发达头脑简单”的形象。这类观点在现代体育发展不断成熟的过程中已经被认为是极为错误的，很多体育项目尤其是团体类项目如足球、篮球、排球等都对参与者的智商有较高的要求。反之，从事体育锻炼到底是会降低还是提高智力水平或者没有影响等问题也被现代科学研究者不断深入研究，大量的研究也表明了适当的体育锻炼是有助于智力发展的。

篮球运动作为体育运动中趣味性最强复杂性最高的项目之一，对球员的智力水平一直有着较高的要求，2009 年，全美著名智商研究网站“IQ 测试网”曾经对 NBA 球员的智商进行了测试，姚明的智商高达 132，而奥尼尔的数值是 131，科比、詹姆斯、凯文·加内特则分别是 128、126 和 126，这些都是联盟公认的篮球智商比较高的球员，普通人智商则在 80~120，而且测试也表明很多优秀篮球运动员都拥有较高的智商指数，可以看出较高智商是成为一名优秀篮球运动员的必备条件，这也是篮球运动本质要求的体现。

这里即是结合“多元智力理论”和篮球运动的本质规律来分析从事篮球运动对于学生智力发展的影响。

（一）多元智力理论

多元智力理论又叫“多元智能理论”。传统的智力理论认为人类的认知是一元的，个体的智能是单一的、可量化的，而美国教育家、心理学家霍华德·加德纳在 1983 年出版的《智力的结构》一书中提出“智力是在某种社会或文化环境或文化环境的价值标准下，个体用以解决自己遇到的真正的难题或生产及创造出有效产品所需要的能力”。每个人都至少具备语言智力、数理逻辑智力、音乐智力、空间智力、身体智力、人际交往智力和自我认知智力，后来，加德纳又添加了自然主义智力和存在主义智力。这一理论被称为多元智力理论。

多元智力理论的基本性质就是多元化，认为智力不是一种而是一组能力的组合体，其基本结构也是多元的，各种能力之间是相对独立的而不是以整体的形式出现，而每项能力的促进方式也各不相同，主要包括言语 – 语言智力、音乐 – 节奏智力、逻辑 – 数理智力、视觉 – 空间智力、身体 – 动觉智力、自知 – 自省智力、交往 – 交流智力、自然观察智力和存在智力。

理论上说，任何人都有上述的 9 种智力，也就是基本智力，而这些基本智力之间的组合结构也是每个人智力差异的体现，在教育过程中为了促进智力的发展也可以从整体或者针对性的教育和训练来进行。

（二）篮球运动对智力发展的影响

篮球运动复杂多变，涉猎广泛，关涉体育、艺术、科学、经济等多个领域，下面分别分析从事篮球运动对于 9 种基本智力发展的影响。

1. 言语 – 语言智力

言语 – 语言智力是指人进行语言和文字表达和交流能力，如演讲、写作、辩论等，多见于演讲家、作家、记者、政治领袖等。篮球运动相对于田径、网球等单项或者单纯比快比远的体育项目对于运动员的交流能力有较高的要求。队员之间在场上互相通过语言交流进行协调，教练员通过讲述战术思想为队员安排战术，运动员在学习技战术时也需要教练员通过语言描述来明白和掌握技战术的要领和精髓，比赛中队员甚至会用语言刺激如“垃圾话”来影响对手的心理状态，观众和主持人也会通过语言刺激和呐喊来鼓舞己方士气和打乱对方节奏等。但是这种语言表达相对简单直白，缺乏艺术性和美感，常见于术语和基本词汇，不讲究语法规则和技巧，甚至略显“粗鲁”。所以篮球运动对于人的语言智力发展应是见效于细节表达和精准性、逻辑性表达，而对于语言艺术和技巧没有过多影响，对于写作能力更是缺乏，涉及层面较浅，总体来说对于用语言智力的发展影响有限。

2. 音乐－节奏智力

音乐－节奏智力指的是人对于音乐的辨别、感受、改变、记忆和表达的能力，常见于歌唱家、作曲家、演奏家等。现代篮球虽然融入了美国黑人街头篮球文化，有了音乐的元素，尤其是节奏感很强的 RAP 等音乐形式，在比赛中也会通过音乐的播放来提升士气或者干扰节奏等，但是音乐并不存在于篮球运动的本质规律中，更多的是为了增加娱乐性，两者之间并没有必然的联系，所以从事篮球运动并不能对人的音乐智力有明显提升的效果。

3. 逻辑－数理智力

逻辑－数理智力是指运算和推理的能力，表现在对于事物之间的联系、发展规律、各种关系的类比、因果和逻辑关系之间的敏感程度。这类能力最多见于各种物理学家、数学家等理工科人才，但同时在侦探、律师、军事家、管理者等行业也有较高体现。篮球比赛就好像一场战役，双方为了胜利斗智斗勇，教练员需要随时分析和把控场上局势并及时做出人员和战术调整，队员在场上需要随机应变，考虑如何去实施战术和应对突发情况。这期间需要分析大量的数据，比如赛前对对手的阵容打法特点进行分析并制订预计方案、场上对于突发状况要选择最合理的处理方式等，这些行动都需要很强的逻辑思考能力来支持，才能保证在比赛中甚至整个赛季占据有利形势。所以说，从事篮球活动是有利于人的逻辑性发展的，并且在竞争中还能不断地提高，效果是比较显著的。

4. 视觉－空间智力

视觉－空间智力是指感受、辨别、记忆和改变物体的空间关系借此表达情感的能力，表现在对于线条、颜色、形状、结构和空间的敏感性，常见于画家、雕塑家、建筑师、航海家、军事战略家等。篮球运动是具备一定的空间性的，这也是篮球战术的根本所在，就是通过跑动、传球和掩护等动作和配合寻找到使球可以进入篮筐的空间和机会，包括地面和空中空间。比赛场上就是双方队员的攻防大战，进攻方不断寻找和创造空间进行投篮，而防守方就想方设法限制空间保护篮筐，所谓的投篮机会就是对于防守方防守阵型的击破，也就是通常所说的“撕破对方的防守阵型”。战术和比赛中常说的如何去利用比赛场上的空间就是篮球运动与空间智力紧密联系最好的证明。长期从事篮球运动必然会增加人们对于空间的理解和感受能力，对于空间智力有一定提升作用。

5. 身体－动觉智力

身体－动觉智力就是对于身体的控制能力，常见于运动员、舞蹈家、外科医生等。篮球运动本身就是体育运动，对于人们的身体直立必然是有极大促进作用的，而且是非常全面的促进作用。

6. 自知－自省智力

自知－自省智力指认识洞察和反省自身的能力，表现为能够正确认识自身行为动机、情感、欲望等，并且可以正确地建立自尊、自律和自制的能力，常见于哲学家和思想家等。篮球运动员需要对自身的技战术能力有充分的了解，并且要明白打球和比赛的目的所在，这样才能调节自身比赛状态和技术发挥。每一次攻防、每一场比赛结束后都需要进行反思和总结，好则取之，坏则改之，这样才能不断进步并保持竞技状态，而对打球和比赛目的的情形认识则决定着运动员的比赛积极性。所以自知、自省是始终贯穿于篮球运动的训练和比赛中的，长期从事篮球运动对于人的自知自省智力有很好的推动作用。

7. 交往－交流智力

交往－交流智力是指人与人之间的相处、交往能力，表现为察觉、体验他人情绪并做出适当反应的能力，也就是情商，这种智力在主持人、政治家、教师、公关人员等身上有较突出的表现。区别于语言智力，交流智力强调了两人或者多人的沟通，尤其是直接的沟通，这和篮球运动是紧密相连的。篮球是团体性项目，有团体就要有配合，有配合就要有交流，队友之间的交流程度决定默契性的高低，团队之间的有效交流可以有效地提高团队向心力和凝聚力，这对于一支球队而言是非常重要的。篮球从业者要始终处于各种交流之中，教练和队员、队员和队员、首发和首发、首发和替补、队员和管理者、教练和管理者、队员和记者等，长时间的经历下必然会对人的交流智力有很大的提升作用。

8. 自然观察智力

自然观察智力是指认识世界、适应世界的能力，是一种在自然世界里辨别差异的能力，如植物区系和动物区系、地质特征和气候。对我们身处的这个大自然环境的规律认知，如历史、人体构造、季节变化、方向的确立，磁极的存在，感知灵性空间的超自然科学能力，适应不同环境的生存能力。篮球运动是一种社会活动，并且是相对狭隘的社会活动，结构比较单一，并且和自然环境的关系不大，所以基本上对于人的自然观察智力没有太大影响。

9. 存在智力

存在智力是指陈述、思考有关生与死和终极世界的倾向性，即人们的生存方式及其潜在的能力。如人为何要到地球上来，在人类出现之前，地球是怎样的，在另外的星球上生命是怎样的，以及动物之间是否能相互理解等。这类智力的发展基本上和篮球运动没有任何关系。

篮球运动对于人智力水平的提升能力可以按照影响力的大小分为 3 个层次，第一层是身体智力、交流智力和自知自省智力等，这些智力始终贯穿于篮球活动中并且关系密切，所以对其有较大的提升价值；第二层是语言智力、逻辑智力和空间智力，这些智力与篮球运动的关系处于交错状态，篮球运动只对这些智力的一部分有影响，并且不是贯穿始终，所以影响力适中，提升能力较弱；第三层是音乐智力、自然观察智力和存在智力，这类智力和篮球运动的关系甚微，从事篮球运动对其并没有直接的影响。

二、提高学生思维能力

卢梭曾说过:“散步促进我的思想。我的身体必须不断运动，脑筋才会开动起来。”可见适度的运动可以促进大脑思维的运转。

思维是指人用头脑进行逻辑推导的属性、能力和过程。思维能力是通过分析、综合、概括、抽象、比较、具体化和系统化等一系列过程，对感性材料进行加工并转化为理性认识及解决问题的能力，包括理解力、分析力、综合力、比较力、概括力、抽象力、推理力、论证力、判断力等。思维的发展受到身体和大脑的多方面影响。体育运动曾被误解为“纯粹的身体活动和机械的动作”，多年来被认为与大脑思维关系细微甚至无关，随着现代体育的发展，研究证明，体育运动是身体和大脑的有效结合，任何技巧都需要大脑的参与和支配，而且从事体育运动也可以对大脑的思维能力有一定的提升，尤其是团体运动的发展和战术的增多更是使运动员对思维能力的要求大大增加。篮球运动技术繁多，战术变化莫测，更是有诸多规则限制和约束，运动员在场上随时都要保持大脑的高速运转，对多方位、全角度传来的信息进行思考和分析，结合自身能力和知识进行实时判断，长期从事篮球运动对于学生的思维发展是很有帮助的。以下将分别分析篮球技术和战术方面对思维能力的提升效果和体现：

（一）学习和使用篮球技术对思维能力提升的体现

篮球技术看似简单实则复杂，每一个技术都由很多的环节组成，每个环节都有其独特的要求和方法。比如单手肩上投篮技术，这是篮球技术中最基本也是最常用的技术之一，学生要学习和运用好这项技术就需要球员具有一定的思维能力。

首先，球员需要对这项技术有充分的理解，了解此项技术的构成要素、关键动作、使用方法和情况等。单手肩上投篮技术由蹬地技巧、持球技巧、发力技巧、推球技巧、压腕拨指技巧等多方面组成，其中关键动作在于压腕拨指。球员在学习过程中需要理解为什么有这么多技巧、每一个技巧又发挥着什么样的作用、为什么压腕拨指是其中的关键技巧等，只有对这些都进行了充分的理解，球员才能准确地学习训练每一个技术点，从而尽可能掌握这项技术。而在练习技术中球员需要不断比较自身优质动作和劣质动作以及自己和其他人动作的区别，来发现自己动作中存在的不足、缺陷和错误并加以改正。

其次，球员需要分析场上情况，通过对防守人和自身的位置来判断是否应该使用这项技术，如何针对不同位置调整自己的投篮动作和力量，比如距离篮筐不同距离需要的发力程度和投篮角度也会有不同的要求，投空心篮和投打板篮手型的要求就有区别等。球员往往需要在短时间内观察到场上情况并且综合分析出结果然后再做出最优质的判断。

单手肩上投篮是篮球技术中最基本的技术之一，其学习和运动就如此复杂，需要球员大脑思维的理解力、分析力、综合力和判断力等诸多能力的参与，而篮球技术种类繁多，在长期学习众多技术以及根据场上复杂情况短时间内判断该用哪项技术和如何使用的过程中，球员的思维能力不停地得到锻炼，对于其思维发展是十分有利的。

（二）学习和使用篮球战术对思维能力提升的体现

“两三个人的叫配合，五个人参与的才叫战术”，这句话就体现了篮球战术的复杂性，相比于其他运动，篮球技术的学习和运用对于思维能力的要求和锻炼高了不止一筹。技术既是战术实施的保证也是基础，优秀篮球运动员在具备学习运动技术的思维能力基础上才可以进一步对战术进行理解运用。

学习战术首先要分析和理解战术，一项最基本的进攻战术也要由落位、跑动、传接球、掩护、突破、攻篮等组成。球员在对既定战术进行分析后进行深刻理解，明白战术的最终目的和基本运转方式，首先有了理论基础然后进行具体演练，从而巩固和加深对战术的理解和记忆。而更加复杂的战术则会假设对手的防守情况，根据想象和推理来做出诸多应变准备，同样战术体系内如出现了错位防守、掩护失败、传球时机错误、防守队员就位意外等情况，在对这些进行充分考虑后学习的战术就会呈现一种有一定的宗旨但是变化很多的状态，对于球员的理解分析能力要求就更高。

而最需要球员强大思维能力支撑的无疑是战术的运用，篮球比赛瞬息变化、变化莫测，教练员只能预先安排战术，却无法直接参与，球员虽然带着安排好的战术比赛但要根据场上情况自己做出判断。场上任何一个队员无论是否持球在进行战术运转时都可能遇到意外变化，而在此时就需要球员根据自己对于场上情况的综合分析和自身经验进行瞬间的判断如何完成战术运转或者是否需要改变战术。进行篮球运动就需要对篮球战术不断地学习和运动，面对复杂的战术学习和场上情况，球员需要不断地对自己进行思维能力的锻炼和提升，以便更好地理解战术、更多地记忆战术、更迅速地分析情况以及更准确地做出判断等，从而不断提升其思维能力。

思维能力是学生时代应着重培养的主要能力之一，相比于文化课的学习和传统教育模式对学生思维能力的培养作用，篮球运动显得更为实用化，无论是技战术的学习、运用还是篮球比赛都使学生身体和大脑相结合，对其思维能力进行独特的提升以及开辟一条特殊的路线方式，尤其对学生的观察分析力、想象力和判断力有着特殊的提升作用。

第三节　篮球运动对大学生心理健康的影响

当今社会竞争越来越激烈，人们面临的心理压力呈现出复杂化和多样化趋势。未来世界的竞争主要是人才的竞争，新时代的大学生不仅要有良好的体质、扎实的专业素质，还要注重培养良好的心理素质与个性心理，以适应社会快速发展的需要。在这方面篮球运动会起到特殊作用。

一、篮球运动有助于创造良好的情绪体验

情绪状态是衡量体育锻炼对心理健康影响的最主要的指标。人生活在错综复杂的社会中，经常会产生忧愁、紧张、压抑等情绪反应。篮球运动可以转移个体不愉快的意识、情绪和行为，不仅可以使人摆脱烦恼和痛苦，而且能够给人带来快乐和成功感。

（一）篮球运动有助于体验身体运动带来的快感

篮球运动是一项高强度、高密度的对抗性体验运动，运动员在跑、跳、投、抢过程中不仅会消耗大量的能量，而且在激烈的运动中能体验到身体运动时的快感。我们经常会看到很多青少年篮球运动爱好者，他们自发地聚集在篮球场上，久久不愿离开，最后尽管每个人都拼得筋疲力尽，大汗淋漓，但都会感到兴奋和愉快。这种兴奋和愉快就是通过身体剧烈运动，特别是经历激烈的身体接触与碰撞的刺激，尽情地释放出人类攻击性的本能，在这个过程中所激发出的极度兴奋性，使运动员或参与者忘记疲劳，忘记伤痛，忘记一切烦心事，完全沉浸在兴奋和快乐之中。只有经历过这种运动体验的人，才能真正享受到身体对抗运动时带来的情绪体验。

（二）篮球运动有助于体验成功和成就感

篮球比赛过程中，运动员不论是进攻还是防守，都是通过自己的身体素质、运用技巧战术和心理素质与对手较量。在篮球运动的对抗中，运动员通过娴熟的运球、果断的突破、巧妙的传球、准确的投篮，或突然的抢断、默契的夹击、严密的封盖，在篮球规则允许的范围内或攻击对手，或摆脱对手，直至战胜对手，取得胜利。这种成功可以是全队取得比

赛的最后胜利，也可以是全队打出了风格、打出了水平，还可以是个体本身的自我超越，它们都能够使运动者充分体验到“巅峰时刻”带来的成功和喜悦、自信和成就感。这种成功的体验往往使人终生难忘，它不仅可以丰富人们的生活内容，提高生活质量，而且能够影响青年人的学习和工作态度。

（三）篮球运动有助于体验人际交流时的愉悦感

人际交流是指社会活动中，人与人之间进行信息交流和情感沟通的联系过程。篮球运动是一项集体运动，参与者之间不仅仅是简单的接触与交往，还能够增加人与人之间接触和交往的机会。例如，队友们在对待传球的时机和方式、投篮的位置和机会、掩护配合的时机和卡位、夹击的位置和默契等问题时，必须进行交流。这种交流是篮球运动中所特有的交流形式，它会逐步转化成队友之间的人际交流和社会交流。这种交流可以不受运动者身份（职业、职务、信仰、民族和年龄等）的影响，交流形式非常自然。通过队友之间的自然交流，有利于相互之间的进一步沟通，协调人际关系，联络感情，愉悦身心，增加群体的认同感。因此，篮球运动有助于体验人际交流的愉悦感。

二、篮球运动有助于减轻不良的焦虑状态

焦虑是一种对当前或未来的威胁产生的恐惧和不安而形成的消极情绪状态。这种消极情绪状态持续时间长，会给人带来很大的痛苦。

（一）篮球运动有助于疏导不良的情绪状态

在人体中枢神经系统中存在一种“优势兴奋灶”的现象，即某一中枢受到较强的刺激时，就会在相应区域形成一个兴奋灶。当这个兴奋中心的兴奋水平强于周围的兴奋点时，它不但可以“吸引”周围中枢扩散而来的兴奋点，提高其兴奋中心的兴奋水平，而且还能对邻近的中枢产生抑制作用。例如，我们在全神贯注思考某一问题时，会出现“视而不见，听而未闻”的现象。这说明某一中枢高度的兴奋，形成了强烈的“优势兴奋灶”，它抑制了相应的视、听中枢。目前许多大学生常会因为相互间的竞争、情感方面的失控、学习或家庭方面的巨大心理压力等，产生持续的焦虑情绪。当其他心理辅导措施都难以奏效时，体育锻炼可尝试一下。因为身体运动会在运动中枢形成强烈的“优势兴奋灶”，它的兴奋水平要明显高于其他任何兴奋中心。所以这个“优势兴奋灶”会对其他中枢产生抑制，降低了其他兴奋灶的兴奋水平（这是一种保护性抑制），这就是体育运动可以消除心理疲劳和不良情绪状态的生理机制。通过参加篮球运动，不仅有助于宣泄运动者消极的心理能量，形成“优势兴奋灶”，而且通过篮球运动所特有的交流形式，经过自然的沟通，可以增进理解，疏导不良的情绪状态，缓解焦虑和抑郁症状。

（二）篮球运动有助于调节紧张的人际关系

人际交往是一种以个人为对象，彼此联络感情，协调关系，寻求心理需要满足的活动方式和活动过程。复杂的人类社会是人际关系的网络系统，人际交往是将个人与个人、个人与群体联结成社会网络必不可少的纽带。正常的人际交往可以获得他人的支持和帮助，可以减轻失望的痛苦和悲伤。所以不断提高个人的人际交往能力是培养健康心理的有效途径。

篮球运动是集体项目，它具有明显的团队协作性特点，参与者在全队训练与比赛过程中必须要进行各种形式的沟通（包括语言、手势和表情等）。这就为大学生参加篮球运动提供了队友之间自然接触、自然交流的机会。通过进一步沟通，不仅可以增进理解，促进相互信任、相互鼓励，调节情绪，振奋精神，增加愉悦感，而且这种积极的情绪状态可以使人自信、自尊、自豪、自强，并使烦恼、焦虑、抑郁、自卑等不良情绪得以缓解甚至是解除。因此，经常参加篮球运动，有利于青年人心胸开阔，融洽人际关系，提高幸福指数，培养良好的心境。

三、篮球运动有助于塑造健全的人格精神

健全的人格精神是指包括能力、气质、性格和理想、信念、动机、兴趣、人生观等在内的各方面能够协调与平衡发展，人格作为人的整体精神面貌能够完整、协调、和谐地表现出来。

（一）篮球运动有助于完善个性心理特征

所谓个性心理特征是指个体身上经常地、稳定地表现出来的心理特点，主要包括能力、气质和性格。篮球运动从宏观上看是群体的竞争，从微观上看又是群体中个体之间的身体冲突和技巧智能的直接对抗。篮球运动中的每一个环节，都要求个体在充分发挥自身特点和水平的基础上，构成整体实力，或者说群体的默契配合依赖于个体的技巧和智能的充分发挥。篮球运动复杂多变，每一个瞬间都要求个体必须做出正确的观察判断，独立果断地选择个人战术行动。这些特点表明，艰难中需要勇气，常态下需要创新，只有个人能力强、气质和性格健全、个性鲜明和人格独立的人，才敢于冒险和创新，才有可能在复杂困难的条件下坚持与强有力的对手进行顽强的对抗，并取得比赛的最终胜利。因此，篮球运动有助于实现个性心理特征的自由发展。

（二）篮球运动有助于提高抗挫折的能力

一般来说，篮球比赛每次进攻的成功率为 30%~40%，也就是说，由于失误和投篮不中等原因，有 60%~70% 的可能是进攻失败。防守也是一样，总是面对着成功与失败，且

往往失败多于成功。篮球运动员在训练和比赛的过程中，就是这样经历着“进攻－失败－再进攻－再失败－积极拼抢－再进攻”这样一个过程，每天面对着来自体能、技战术和心理等方面的挫折，而这种挫折和失败往往都是暴露在大庭广众之下，表现在各类观众面前的，其心理压力可想而知。正是在这种反反复复挫折与失败的情景教育中，运动员不断磨炼自己心性，屡败屡战，总结经验，不断进取。通过一次又一次的挫折，不断提高自己抵抗失败打击的心理承受能力。在我们小、中、大学的 10 多年正规教育过程中，没有哪一门课程是专门有意识地对学生进行抗挫折的情景教育，使得我们在遇到挫折时，往往会被困难所击垮。但是通过篮球运动可以锻炼人们胜不骄、败不馁、勇猛顽强、坚韧不拔、吃苦耐劳的意志品质；可以培养青年人的主动性、果断性、控制力、坚持力和创造力，这都是现代人人格精神的内涵，是激烈的社会竞争中必须具备的基本素质。

（三）篮球运动有助于改善人的精神面貌

参加篮球运动可以培养大学生充沛的体力和精力、良好的心理承受能力、公平的竞争意识、广泛的社会交往能力，以饱满的精神面貌去应对学习和生活中的困难。参加篮球运动可以培养大学生团结互助、顽强拼搏、乐于奉献、积极进取的优良品质。我们经常会看到大学校园内各种班级篮球赛、年级篮球赛、新生篮球赛、友谊赛、对抗赛、院系篮球赛、学校篮球联赛等不同形式与不同等级的篮球比赛。参加这样的篮球比赛，不仅是大学生身体和技能的较量，也是智慧、意志和协作精神等综合素质的竞争，同时也是学生个体之间、团体之间相互学习、彼此沟通的场所。篮球场上大学生们表现出来的克服困难、勇于创新的精神，科学、文明和健康的生活态度，以及热爱美、表现美和追求美的情感与能力，都是当代大学生精神面貌中所应具有的基本内容。

第四节　篮球运动对大学生审美能力的影响

著名教育学家席勒和斯宾塞认为审美活动起源于游戏，“审美活动起源于人类所具有的游戏本能，一方面是由于人类具有过剩的精力，另一方面是人将这种过剩的精力运用到没有实际效用、没有功利目的的活动中，体现为一种自由的游戏”，这一理论可以把审美和体育结合在一起，体育这种“游戏”也可以理解为一种审美活动，自然进行体育活动对于人的审美能力是有影响的。审美能力是现代人的重要文明素质之一，这里的美并不单单指形态美，还包括思想美、道德美、社会美、真善美等多方面，每个人的审美能力和视角是和其实践经验密不可分的，同时又受到教育、社会、家庭、政治等多方面的影响和制约。

学生的审美能力是指学生对身边的艺术品和生活中美的事物的外在形式、结构和内在情感、意蕴的感知、想象、理解等多种心理功能有机结合而成的一种能力。

一、审美能力的价值和意义

审美能力对于学生群体非常重要。学生群体主要由儿童和青少年组成，这一群体的心理和智商都处于发展阶段，其对于各种信息的接受能力也极强，但是其是非观和分析判断力也极容易受到影响（无论是否正确），所以在学生阶段使用多种手段对其审美能力进行正确引导和提高可以有效地帮助其树立正确积极的人生观、价值观和道德标准。

体育作为人类最伟大的社会发明之一，其美学特征也是十分明显的，主要就是体现了人类本身的自然美，而且随着现代体育的发展更是体现出了道德美、社会美等多种美的组合。篮球运动集合了体育项目的基本特征，并且是当今世界上最受欢迎的体育项目之一，无论是运动项目本身或者以此为基础的社会效应和活动都为人们带来很多美的享受。

二、篮球运动美学内容

篮球运动不是简单的健身游戏，而是已经融入多种学科的综合项目，现代篮球比赛更是一个以篮球竞赛为平台的大型娱乐活动。以当今篮球最高水平体现的职业联赛 NBA 为例，其在带给观众篮球本身的视觉享受的同时还包括了啦啦队、篮球游戏、赛场气氛、场地装饰、赛场文化、周边产品等多方面多维度的美的感受，让观众在观看篮球比赛的同时又可以体验众多的娱乐和魅力。以下就逐条分析篮球运动所包含的美学内容。

（一）篮球运动的身体之美

人类从古至今都对身体美有着特殊的情怀，高大的身躯、健壮的体格、修长的四肢等都深受艺术家的青睐，如著名的雕塑“掷铁饼者”“大卫”等，都体现了人们对于匀称身材的赞同美感和追求。人们认为通过自己的锻炼对身体进行改造，不断激发身体的潜能是一种伟大而富有美感的行为。

篮球运动对于球员的身体有诸多要求，但是却没有太多限制。篮球场上有力量型的、速度型的、弹跳型的、灵活型的等各种身体类型的球员。肌肉之间的碰撞、风驰电掣的速度、游走在缝隙中的灵活、暴起的扣篮、柔和的投篮等这一切的动作都把人类身体的美感表达得淋漓尽致，让观众欣赏到近乎完美的身体素质和形态。当年叱咤 NBA 的超级中锋“大鲨鱼”奥尼尔就是力量的杰出代表，2.1 米多的身高、巨大的体型和强大的力量使其在篮下近乎无人能敌。他利用力量的绝对优势来弥补速度和灵活的不足，扣碎篮板、拉倒篮架、隔扣对手等令人“闻风丧胆”的表现，诠释了力量的霸气；与之相对的有号称“答案”的艾伦·艾弗森，身高只有1.83米，身材瘦小，但是凭借超强的灵动性屡次摘得NBA得分王的称号，并且成为世界一流球员，用神出鬼没来形容他的突破能力也不为过，曾有研究发现其在突破变相时脚踝角度甚至达到了近乎90°，完美地诠释了“小、快、灵”的特性。

摆脱地球引力一直是人类的梦想，滞空能力是篮球运动独特的身体指标之一，其给人的视觉冲击也是极大的，空接扣篮和空中闪躲投篮时最能体现这一美感。球员高高跳起接球然后重重砸进篮筐和在空中收腹转体躲开防守人寻找投篮空隙的过程虽然只有短短几秒甚至不到1秒，但是给人的感觉就像时间静止了一般，好像在那一瞬间地球的引力对他不起作用了一样，这种梦幻般的感觉往往能够让观众如痴如醉，瞬间点燃热情，这也是为什么篮球扣将总能受到人们的追捧。人称“UFO”的文斯·卡特被誉为人类历史上最优秀的扣篮选手，他不仅跳得高而且滞空能力强，创造过许多匪夷所思的扣篮，其中代表作之一就是奥运会上飞跃对手2.1米中锋的惊天一扣，被人们津津乐道并经久不衰。

如上这些都可以说明了篮球运动所体现出来的身体美感，对于身体美有着完美的诠释，人们在参与和观看篮球运动的同时可以大大满足自身对于身体审美的需求，而且可以促使其产生通过锻炼去具备同样美好身体的欲望，对其身体审美能力有一个正确的导向作用。

（二）篮球运动的技术之美

人们对于一项技能十分熟练，能够使用的得心应手达到一种“人技合一”的状态时，这项技术就不单单是一个工具而是使用者的本能了，那种天人合一带给人的美学享受是无与伦比的。篮球技术运用到一定层次就可以称为艺术了，掌握熟练技术的篮球运动员与其说是在使用技术不如说是在表演。在他手里篮球已经不单单是一个物体而是他身体的一部分，这也是篮球运动被称为艺术运动的主要原因。美感体现主要有以下几个方面：

第一，篮球技术丰富之美。篮球技术动作多种多样，从进攻到防守，从一号位到五号位所具备的技术各不相同，单单进攻技术里的一个投篮技术就有单手肩上投篮、低手上篮、高手上篮、抛射投篮、打板投篮、空心投篮、扣篮等诸多分支，而且各个技术动作之间又可以相互组合成为组合技术，优秀的运动员可以熟练掌握更多的技术并在比赛场上根据不同情况进行使用，让对手防不胜防、无从揣测。NBA超级球星迈克尔·乔丹就是一名技术能力极强并且十分全面的球员，其进攻手段多样、传球诡异莫测、防守强硬等，曾多次当选NBA得分王，也入选过最佳防守阵容和最佳阵容，其退役时已41岁，但是招牌动作“后仰跳投”依然让防守人防不胜防，这也给乔丹带来了“篮球大师”的称号，被誉为篮球艺术家。人们在参与和观赏篮球比赛的时候就能直接体会到这种分散又统一、整体又多样化的美，感受篮球运动时如何把多种技术动作有机地结合在一起、既单纯又丰富的美学体验。

第二，篮球技术规范和个性之美。篮球运动发展至今已有数百年，从简单的健身游戏发展到现在的成熟学科体系，各个技术动作基本上已经被研究透彻并且都有了规范的要求。球员在学习技术动作的时候都会以此为标准进行准确的学习和训练，例如投篮手型、防守姿态、运球手型等都由明确和细致的规范标准，优秀的运动员投篮命中率明显高于动作不规范的运动员。但是世界是多样化的，每个球员的身体条件和习惯都不一样，经过长期的使用对于技术的理解会有自己的特色，在规范的基础上也会进行符合自身条件和习惯的改变，所以我们在赛场上才可以看到乔丹的后仰跳投、邓肯的打板投篮、吉诺比利的蛇形突破、卡特的飞跃扣篮等被称为某个球员的“标志性技术”或者“绝招”。这种集规范和个性于一体的感受使得篮球运动参与者和欣赏者拥有着无限的遐想空间和创造欲望，可以充分发挥想象力。

第三，篮球技术的准确性之美。准确性给人们带来的享受是毋庸置疑的，人类发展的目的之一就是要把事情弄清楚做准确。篮球运动的本质就是一项比准的运动，无论多么复杂的配合或是精心安排的战术，其最终目的是将篮球准确地投入篮筐得分。在偌大的场地上使用各种方法将直径 24.6 厘米的篮球准确地送进直径 45 厘米的篮圈中的那种感觉是十分美妙的，甚至有人说世界上最美妙的声音就是篮球穿过篮网的声音。同时，精准地传球也能给人一种视觉的冲击，还有防守人通过预判准确的站位造成对手进攻犯规等。篮球场上的准确性无处不在，充分体现了篮球运动的目的性，也带给人一种细腻之美。

第四，篮球技术的难度美。人们总是会对超出预期范围而完成的能力情有独钟，也就是对意外的期待。规范的篮球动作看似十分简单，但是比赛场上情况复杂多变，大难度技术动作的完成往往能瞬间燃起观众的热情，同时也能提高自信打击对手。例如，迈克尔·乔丹在空中转体加换手的上篮和千钧一发滞空的绝杀、内特·罗宾逊以 1.7 米的身高飞跃霍华德的扣篮和对 2.26 米的姚明的盖帽、韦德在失去重心后不看篮筐也能把球抛进等这些匪夷所思的情况数不胜数，都会成为人们津津乐道的话题。这种偶然性、独特性和不可复制性带给人们的刺激是巨大的，观众也可以从中获得美的享受和心理满足。

（三）篮球战术之美

如果说篮球技术体现的是球员个人身体和能力的美感，那篮球战术体现的就是智慧和整体的美感。很多流畅的整体比赛都可以给人奇妙的享受，如钟表的内部结构、大型机械的运转、大型表演方阵等，让人们在欣赏各部分精妙的同时又能看到其相互配合而产生的巨大力量。篮球运动就是这样一个集个体性和整体性为一体的项目，其中战术和配合把球员们紧紧地联系在一起形成一个整体去完成进攻和防守动作，其中的美妙之处可以分为以下几个方面：

第一，篮球战术的多样化和多变性之美。万花筒之所以好看就是因为可以随意变化，每个变化都有不同的美丽景象。篮球战术组成结构复杂，战术种类多样，单个固定战术也会根据场上形势随时变化，同样可能出现多战术相互交替穿插使用的实况，使得一场比赛就像一个万花筒一样，观众永远无法预料下一秒会有什么样的惊喜出现，这种期待和想象给人的刺激是极大的，事后回想又觉得意犹未尽。

第二，篮球战术的独创美。可以说每一个战术都是经过教练员和运动员长时间的实践和研究得出来的，有的战术创新于老战术，有的战术适用于特殊球员，有的战术适用于特殊场次，在大量的战术体系中总会有些是非常独特的、创新性和价值很高的。NBA 著名教练“禅师”杰克逊在带领以乔丹为首的公牛队取得辉煌的过程中，其创立的“三角进攻”战术可谓功不可没，这个战术充分发挥了乔丹等其他优秀球员的作用，后期他又把这个战术带到了洛杉矶湖人队，成就了科比和奥尼尔的王朝时代；另一套著名的“双塔”战术虽然始于火箭队但是被马刺队的波波维奇教练发扬光大，他安排蒂姆·邓肯和大卫·罗宾逊两名大个球员镇守内线，进可攻退可守，也是拿到了总冠军。除了这些还有很多著名的战术体系被很多球队使用，这也促使更多的教练员和运动员去发明属于自己的战术体系从而努力钻研。

（四）篮球运动中的“明星”之美

明星一词最早出现在文艺界，借助明亮的星星的寓意来形容一个人所达到的成就和对别人的影响。当今世界各行各业发展迅速，明星也是遍布其中，而明星效应更是成为一个专门的课题供人研究。体育比赛也是明星辈出的行业，无论哪个项目只要足够优秀就可以成为明星。例如跨栏明显刘翔、游泳明星菲尔普斯、网球明星费德勒等，都是闻名全球的体育明星，他们的一举一动都会对关注他们的人们造成一定的影响。而明星效应也和其所从事比赛项目和比赛影响力成正比，篮球运动作为世界上最受欢迎的运动项目之一与世界第一运动足球的影响力不相上下，其中产生的明星的影响力也是巨大的。

美国 NBA 职业联赛是世界篮球的殿堂，而其最成功的造星计划就是针对“飞人”迈克尔·乔丹的。20 世纪 80 年代，NBA 还只是一个美国的职业联赛，无论在美国还是世界影响力都不足以称道。当时的总裁大卫·斯特恩就开启了造星计划，对象就是迈克尔·乔丹，通过一系列的手段，包括媒体、商业、梦之队等成功地把乔丹打造成了“篮球之神”的形象，更是一举把 NBA 打造成了世界篮球的殿堂。各国优秀人才争相加入，比赛关注度直线飙升，同时也涌现了大量的明星：“小巨人”姚明、“魔术师”约翰逊、“小飞侠”科比、“大鲨鱼”奥尼尔、“小皇帝”詹姆斯等众多明星球员为大家带来了无数精彩绝伦的表演，而在场外这些明星也会积极地参与各种社会活动来传播正能量，以身作则对世界上的人们尤其是青少年起到榜样作用。

（五）篮球运动的精神之美

人们把精神美分为了智慧美和道德美，只有这两种美都具备的人我们才称其为一个合格的社会人。有很多手段和方面都会影响到一个人智慧和道德的发展，其中体育就是一个很好的手段。根据篮球运动的特点本书把篮球运动的精神之美分为了智慧美、心理素质美和道德美三个方面。

第一，篮球运动智慧之美。迈克尔·乔丹说过，成为一名优秀的球员身体占 70%，而要成为一名伟大的球员智慧要占 70%。在篮球运动和比赛中智慧之美主要体现在运动员的意识方面，篮球比赛瞬息万变，各种突发情况层出不穷，球员需要掌握大量技战术知识和技能，赛场上更需要高度集中注意力，迅速观察并收集场上信息，分析当时情况并综合考量做出最优质的选择和判断。这一系列脑力活动在短时间内完成对于球员的智慧要求是极高的，而当球员成功完成时给观众带来的智慧美的享受也是极大的。无论是个人还是整体的超强篮球意识都充分体现了篮球运动的智慧之美，让人们观赏到身体和智慧的完美结合。

第二，篮球运动的心理素质之美。心理素质是比赛取得胜利的关键因素之一，再高的智慧、再好的技术和战术如果球员心理状态出现问题就无法完成。篮球比赛对抗激烈，球员一直处于高压的状态下，有时需要进行冷静的思考和行动，这需要具备强大的心理素质才能更好地控制自己的身心活动，最能体现心理素质的就是关键球的处理，其中最激动人心的就是“绝杀”。篮球比赛必须在规定时间内分出胜负，在当今比赛情况越来越激烈，设备越来越先进的情况下，球员往往要面临执行最后一投的情况，投进则可能胜，投丢则可能输，这种巨大的压力给人的冲击是极大的，只有心理素质最好的球员才能坦然面对这种情况合理处理球，俗称“大心脏”。历史上有太多经典的绝杀，让观众在万分紧张甚至绝望的状态下重燃希望，观众和球员的欢呼以及对手的绝望一幕幕画面带给人的就是篮球的偶然性之美，是运动员的心理素质之美。

第三，篮球运动的道德之美。没有道德美的人内心是丑恶的，是转瞬即逝的。篮球运动能够经久不衰，其中一个重要原因就是其弘扬了公平竞赛、合理竞争、不屈不挠的精神道德。一个为了胜利不择手段的球队永远不会得到认同。篮球规则要求运动员必须遵照一定的规则来进行比赛，一旦出现非篮球的动作就会被判罚“违反体育道德的犯规”，重则还会受到追加处罚。而裁判员在执法比赛的过程中被要求做到公平公正，一旦被发现有故意偏袒的行为也会遭到相关部门的处罚。整个篮球运动就是在宣扬道德的高尚，鼓励运动员严肃律己做好榜样，也不断利用规则和制度来规范人员的道德行为，为世界人民传播道德之美。

审美能力的提高不单单是美学方面，而且对于学生未来的世界观、价值观和人生观的树立有着极为重要的影响。无论是内在还是外在，篮球运动之美包含了很多内容，尤其是对于学生的心理发展和价值观构建有着一定的正确导向作用。形体美可以帮助学生提升身体锻炼欲望，技战术之美可以促进学生思考，优秀篮球明星可以为学生学习和生活树立良好榜样，精神之美可以帮助学生构建坚实稳固的心理素质和道德准则。

第五节 篮球运动对大学生社会适应能力的影响

现代社会的快速发展突出地表现为经济急速发展、科技高度发展、市场竞争激烈、生活节奏加快。人们如果不能适应现代社会生活的快节奏，就会在生理上或心理上出现障碍，从而导致所谓“现代文明病”的发生和体质健康水平的下降。篮球运动在培养大学生社会适应能力方面发挥着它特有的功能。

一、篮球运动对社会价值观念的影响

价值是指人的需要与各种事物之间的需求和满足需求的关系。价值观念是指客体对主体的一种满足程度，是人们对客观事物有无价值或价值大小的一种根本观点和评价标准。在现实生活中，同样的事物对有的人有价值，对有的人则没有价值。人们在认识事物及其属性的基础上，从自身需要出发，确定各种事物的价值大小，从而确定人们活动的价值取向。

（一）篮球运动有助于培养创新意识与领导能力

篮球运动技术和战术的不断变化就是不断创新的过程。在比赛中篮球运动员技战术的运用，必须随着对手的变化而变化。篮球运动员通过观察进行分析、判断，快速果断地做出行之有效的应答。从运动结构来看，篮球技术中有许多动作是相对固定的，但在实际运用中，由于对手不同，其做出的反应也是不一样的。这就要求篮球运动员随机应变，在比赛中创造出新的、巧妙的动作以及动作配合。因此，篮球运动既是一个高度协同的全面抗衡，又是一场个人的斗智斗勇。它有利于培养人的良好思维能力、应变能力、创新意识和开拓精神。这种优秀品质不仅表现在运动场上也会体现在日常的工作、学习和生活中，有利于培养青年大学生敢于尝试、不断创新的精神。

篮球运动是一项集体运动，也是一项组织严密和协调运作的体育运动。篮球运动战术的发挥，不仅要求运动员具备良好的个人技术，还需要整个团队（包括运动员、教练员、领队、随队医生和工作人员等）万众一心，组织及时，配合默契。长期参加篮球运动训练，有利于培养青年人的创新意识和开拓精神，有利于培养篮球运动参与者的合作意识和竞争能力，有利于培养大学生的沟通意识和组织能力。这些良好的品质可以影响青年人的价值观念，可以提高大学生的管理能力，也可以培养个人的领导能力。研究结果显示，在我国体育专业大学生中，担任学生会干部人数比例最多的是篮球运动专业的学生；在大学体育部（室）和体育学院等部门的管理者中，从事篮球运动专项的人数最多。这不是偶然现象，它与篮球运动的特点有密切的联系。

（二）篮球运动有助于培养合作意识与竞争能力

合作是两人或两人以上至群体为达到共同目的，在行动上相互配合的一种互动形式。合作与竞争一样，是人与人相互作用的基本形式。合作与竞争在形式上是对立的，但在体育竞赛和社会活动中总是相互伴随的。人类社会发展的历史证明了一个永恒的真理：个人的作用和贡献总是有限的，真正的力量在于集体之中，合作是人类社会生活中常见的现象，这种沟通与合作具有普遍的社会意义，是团队获得胜利的基础。

篮球运动中充满着竞争与合作，篮球比赛的每一次进攻，几乎都要通过传切、掩护、突分和策应配合，以实现最后的投篮目的。这些两三人的战术基础配合形式就是合作。防守战术体系也是一样，从个体上看，防守是一对一进行对抗；但从整体战术上看，每一个防守点都是全队战术的重要支撑，都需要各个点的密切合作、协同配合，形成一个有机的整体，才可能实现预期的目标。篮球运动的集体性规律，充分体现在协同配合和团队作风上；个体只有很好地融入集体，整体才能发挥出最大的力量，并为个体更好地发挥能力打下坚实的基础。篮球运动另一个特征就是竞争激烈，这种竞争从个人到整个团队，处处存在着竞争。由于篮球比赛速度快，球场变化多，身体碰撞凶，比赛对抗性强，因此就不可避免地会造成竞争激烈的场面。这在很大程度上提高了篮球运动的技术水平，增强了个人和全队的竞争能力。这种竞争意识和竞争能力会潜移默化地影响人的心理与行为，这为日后大学生走入社会、融入社会打下良好的基础。

（三）篮球运动有助于培养沟通意识与组织能力

个体在社会化过程中首先要面对的是建立良好的人际关系。人际关系反映了人与人之间在沟通过程中所获得的心理满足。没有相互交往，个体的社会化过程就无法实现。人们在日常生活、工作和社会活动中会谋求与他人建立一定的感情联系，满足心理需求。友好和亲近的关系会带来正面的心理满足，促使身心健康；相反，紧张、对抗和敌视的关系会带来压力和焦虑，有害于身心健康。所以人际关系的本质是情感的社会交流，而沟通是人际关系中最基本和最常见的要素和具体表现。

篮球运动为相互沟通提供了机会，为建立良好的人际关系创造了条件。篮球比赛中个人目标的实现在很大程度上取决于集体目标的实现，而集体目标的实现又是该球队全体成员共同努力的结果。实现整个团队的集体目标，需要具备良好的组织能力，统一思想，统一行动，同时篮球比赛也为培养良好的组织能力创造了条件。

目前，篮球运动不仅在国内成为名副其实的“第一运动”，而且在全球也成为首屈一指的体育运动。篮球运动还成为人与人、团体与团体、国家与国家之间相互交流的工具，成为建立理解、信任、团结与友谊的桥梁。不同的国家、地区、民族，不同的语言和肤色，人们都可以通过篮球“语言”进行交流与沟通，增进相互间的交往。凡是亲身参与篮球运动或观看篮球比赛的人，都会在共同的参与中得到满足和愉悦，这有利于产生共同语言，并建立良好的社会关系。

二、篮球运动对社会规范行为的影响

（一）篮球运动有利于规范人的行为

篮球运动是一项讲求规则的运动，参与者都要在比赛规则的约束下进行配合与对抗。篮球比赛中贯穿的体育道德精神有助于规范个体行为，从而使人获得对现代社会生活方式的模拟与演练，以培养人们形成健康文明的社会行为习惯。

1. 篮球竞赛规则对人的社会行为具有约束力

篮球运动中每个个体的行为都要符合篮球规则，所以就要自觉养成遵守规则的行为习惯。体育比赛中常常会发生因情绪过激而导致的暴力事件，这些越轨行为不仅要受到规则的严厉处罚，还要受到社会规则和社会公德的谴责，情节严重的还将受到法律的制裁。篮球比赛的特点之一就是对抗激烈，身体碰撞是难免的。每个运动员都应以获得球或抢占有利位置为目的，鼓励合理的身体对抗，但绝不能为了达到目的而去故意伤人，或为达目的而采取投机取巧的手段，这不仅违反了篮球规则，更违反了体育道德精神。篮球赛场上不时响起的裁判员的“带球走”“3 秒违例”“推人犯规”等哨音，就是在不断地规范运动员在球场上的行为，不断地提醒全体运动员什么动作能做，什么动作不能做，做了哪些违反规则的行为就会得到什么样的处罚。篮球运动员在长期“不断提醒与规范行为”的环境中，会逐渐理解与遵守篮球规则。如果运动员认真遵守了篮球规则，并且打出了风格，赛出了水平，就会得到观众的掌声和对手的尊重。久而久之，有利于这种规范行为的意识转移到青年人的学习、工作和生活中。

2. 体育道德精神对人的社会行为具有影响力

人类的攻击性是人类的本能之一。篮球运动在激烈的对抗中，在满足人的攻击性本能的同时，还设计了一系列人的社会行为的控制器和调节阀，那就是竞赛规则和体育道德精神，从更深的意义上讲，还有文化的约束力，如信仰、伦理、道德等。体育的道德精神和竞赛规则，保证了双方在公平合理的条件下展开攻防对抗，保护健康文明和积极合理的行为，限制粗野动作和不礼貌、不道德的行为。篮球运动发展100多年来，经历了几十次的规则修改，篮球规则修改始终围绕着三大主题，即加快比赛节律（提高比赛的观赏性）、限制高大队员行为（提倡篮球运动的公平性）、限制粗野动作（提倡比赛健康文明）。由此可见，限制粗野动作一直是篮球运动所追求的目标之一。篮球运动员所拥有的众多良好品质，都会迁移到日常的工作、学习和生活中，有利于规范大学生的行为。

（二）篮球运动的对抗性特点有助于培养良好的个性心理

篮球运动对抗性特点非常明显：第一，表现攻守双方在阵式上的全队对抗；第二，表现攻守双方运动员之间的身体对抗：第三，表现攻守双方运动员技战术水平的全面对抗；第四，表现运动员心理素质的直接对抗（包括意志品质、团结一致、顽强拼搏和智力竞赛等）；第五，表现场外教练员团队之间的智力对抗；第六，还可能包括球迷、观众之间的倾向性对抗。以上所有的对抗形式都是正常的，但必须在篮球规则允许的范围内进行。篮球运动强调竞争与对抗，提倡人的攻击本能在篮球运动中得到充分释放，提倡人的运动天赋在篮球比赛中得到充分展现。

篮球比赛过程错综复杂，这就要求参与者根据形势及时做出正确的判断，是传球、突破或是投篮，都需要在瞬间做出果断决定。当比赛处于僵局阶段，需要参与者根据自己的比赛经验，以及所具有的技能，采取大胆的行动，这就需要一定的冒险精神，敢于冒险，敢于担当；当篮球比赛处于相持阶段，就需要队员发扬团队的协作精神，依靠集体的力量，团结拼搏、齐心协力。篮球运动为参与者个性的发展提供了广阔的演练空间，为塑造自己拼搏进取的人格精神，发展个人健全的个性创造了模拟战场。篮球运动中的这些特点也是现代人格精神的要求，是在现代社会环境中应当具备的个性品质。

（三）篮球运动的角色定位有助于理解社会分工与转换

人既是有着器官组织的生物人，也是有着丰富情感和独特个性的心理人，而从本质上看，人又是一个社会人，同时扮演着各种各样的社会角色。在篮球运动中，每位参与者都负担着不同的角色，如中锋、前锋和后卫等，每个角色都有各自的分工、各自的位置和各自的任务。在很多情况下，篮球战术需要调整，场上运动员的位置也需要进行调整，相应的任务就会出现变化，角色的功能也随之发生变化。例如，场上队员与场下替补队员之间的调整，前锋与后卫之间的调整，左前锋与右前锋之间的调整等。通过在篮球比赛中担任不同的角色，以及经常出现的角色转移，可以使参与者理解篮球场上角色定位和角色转换的心理体验。同样，社会角色的定位与角色的转换也是根据社会的需要确定的，它是与人们的某种社会地位和身份相适应的。在很多情况下，角色如果发生了变化，人的心态也要随之进行调整。经常参加篮球竞赛活动，将有助于理解角色的含义，尽快地适应周围环境，并能通过自身的努力，扮演好不同的社会角色。

三、篮球运动对现代生活方式的影响

生活方式受一定社会生活条件的制约，从而使生活方式留下时代的印记。现代科学技术在为人类提供现代化的工作和生活条件的同时，也给人们带来了更多的心理刺激。一个人如果不能适应快节奏的现代社会生活，就会在生理上或心理上出现障碍，最后将导致“现代文明病”的发生与体质的下降。

（一）篮球运动对大学生生活习惯的影响

培养大学生养成良好的生活习惯是高校人才培养的重要内容之一。良好的生活习惯不仅能促进个人的身心健康，而且对人的未来发展有着直接的影响。大学生精力旺盛，又处于长身体和长知识的重要阶段，良好的生活习惯是确保顺利度过大学阶段的重要基础。为此，各高校都非常重视培养大学生良好的生活习惯，并把它作为推进素质教育的重要内容之一。尽管如此，很多大学生的生活习惯还是令人担忧的。有关调查结果显示，目前大学生的生活习惯还存在作息时间无规律（玩电脑和卧谈会到深夜）、日常饮食欠科学（睡得晚、起得晚、来不及吃早饭、饮食偏食等）、娱乐休闲无节制和自我保健意识差等坏习惯。经常参加篮球运动的大学生，白天在运动中消耗了大量的能量，到了晚上都会自觉休息，以尽快恢复自己的体力；并且注意保证必要的饮食，补充人体必需的能量。篮球运动是一项集体运动，它对团队内每个成员在训练方面是有一定要求的，这些基本要求都有利于规范大学生的作息时间，保证必要的营养等。大学生生活的规律性，是保障良好的身体素质的前提。因此，经常参加篮球运动有利于培养大学生良好的生活习惯。

（二）篮球运动对大学生生活节奏的影响

生活节奏加快是现代社会的主要特征之一。现代社会在给人们带来科学技术和巨大财富的同时，也带来沉重的身心负担。现代社会的高速运转，往往会给很多人带来精神压力，造成身心疲倦，各种污染源包围着我们，各种病魔的肆虐侵害，给现代人的身心健康带来了威胁。大学生作为社会上一个特殊的青年群体，学习压力大，活动内容多，时间安排紧，生活节奏快就成为必然。如何适应快节奏的校园生活，篮球运动无疑是解决上述问题最积极有效的方式之一。篮球运动的快节奏有利于提高人们适应环境的能力；篮球运动爱好者充沛的体力和精力，是适应快节奏环境的基础；篮球运动的趣味性有利于释放人们的身心压力。越来越多的人已积极投身于篮球运动，他们不愿意再做体育看台上的热心看客，不再满足为别人的运动表现去鼓掌叫好，他们更愿意去亲身体验“生命在于运动”的真谛，去品味身体运动带来的无限乐趣。人们从事篮球运动体验到的是身体运动带来的快感，人际交流带来的愉悦，心理沟通带来的满足，文化交流带来的思考，实现的是现代人的价值观念和文化追求。篮球运动已经成为现代人生活中的一项重要内容。

（三）篮球运动的发展与大众体育传媒之间相互促进

大众体育传媒使人们通过对体育信息的认知，影响其情感体验，进而改变其行为意向，对培养大学生的健康意识，运动文化修养，积极参加体育健身活动有着很好的导向作用。同时，篮球运动的发展，又促进了人们对大众体育传媒的关注与发展，两者之间相辅相成，共同发展。

1. 大众体育传媒拓展了体育文化时空

大众体育媒体传播的精彩体育赛事、新闻、评论以及各种体育娱乐节目等，不仅满足了观众的文化和娱乐需求，更重要的是体育媒体所形成的“体育信息环境”对人们的体育行为、体育意识产生了深刻而广泛的影响。人们通过各种体育媒体获取大量新的体育信息，不断充实着自己的“知识库”，也改变着人们原有的思想观念，影响着人们的个体行为。特别是在电视出现以后，以大众传播为载体的体育文化传播，使体育实践主体得到了极大的扩展。

2. 大众体育传媒增强了大学生的参与意识

体育信息在被现代传媒不断宣传的过程中，会使越来越多的大学生不再只是单纯地关注竞技体育运动，而是亲身投入体育运动之中。由于体育媒体的大力宣传，越来越多的体育项目为人们所认识，各种体育项目的规则为人们所知晓。这在很大程度上为人们参与体育运动提供了可能，也为体育运动的开展提供了群众基础。只有大量的人参与体育运动，体育运动才会有良好的群众基础，才能使体育事业得到生生不息的发展。

3. 篮球运动的发展促进了大众体育传媒的发展

我国体育运动的发展，特别是篮球运动的快速发展，也在一定程度上推动了大众体育传媒事业的发展。例如，姚明等几位中国篮球运动员入选美国 NBA 球队，仅这一事件就吸引了一大批中国青少年，甚至是中老年篮球爱好者高度关注 NBA 比赛。这样不仅推动了中国篮球运动的发展，同时也推动了中国大众体育传媒事业的发展和 NBA 比赛在世界范围内的广泛传播。目前，每年的 CUBA 篮球赛事越来越红火，已经吸引了全国大中学生篮球爱好者的广泛关注，这反过来也推动了我国大众体育传媒在青少年群体之中的快速传播。

第四章　高校篮球运动育人实现途径

实现路径研究相较于发展策略研究需更加系统化和程式化，一项运动的有效推广或者革新不是一朝一夕或者通过单个部门就可以完成的，我国现阶段的篮球运动的健身和经济两大价值发挥较好，国家和社会关注度也主要集中在这两方面。而篮球运动的发明初衷是健身和教育，经济等其他方面应该为其结合市场后的泛生价值，可见当前篮球运动的发展在我国是有一定偏差的，所以推动篮球运动育人价值的发展可以帮助篮球运动在我国健康科学的发展，也是其他价值可持续发展的保证。

理论研究的目的即是保证项目实施的顺利有效进行。篮球运动育人价值的研究已经在理论层面上证明了篮球运动对于学生身心健康、脑力思维及道德规范等多方面都有一定的积极作用，而要做到充分发挥这些价值则需要政府、学校、家庭以及社会各界的通力合作，建立多层次的科学实施方案。通过综合研究我国政治、经济和社会实际情况，以及现有各级别专业和非专业篮球联赛发展情况，借鉴美国等篮球运动发展较好国家的经验教训，本章将对篮球运动育人价值在我国具体实施的规划路径进行探讨。

本章将篮球运动育人价值在我国实现的路径方案分为社会认知、政府政策法规、各级联赛开展以及校园篮球发展等方面进行讨论。

第一节　篮球运动育人的现实基础

心理学和哲学研究均表明人的认识会最终引导其行为决定，人们在决定是否进行某一行为以及选择的行为方式是基于对这项事务的个人认知，这种认知包含了对这项事务的理解度和认同感，而要改变人们对某一事物的认知需要做到两点：令人信服的证据和恰当的表达方式。

一、利用实验数据证实育人价值

实践是检验真理的唯一标准，无论多么缜密的理论研究最终都需要具体实验来证明其的真实性和有效性。拥有了实验成果才能最有力地去扭转社会各界对于篮球运动价值观的偏差，才能更具体更明显地凸显出篮球运动相较于其他项目或方式在育人价值上的独到之处，才能更进一步促使政府和学校针对不同情况的学生采取不同的措施。

篮球运动育人价值的实验研究应作为一项重大复合型交叉课题进行，因为其涉及生理学、体育学、心理学、教育学和社会学等多方面学科，实验构成应有多方面的专家和学者以及相关仪器；样本量要大，应涵盖各年级不同性别不同状况的学生以及不同地区的环境；试验跟踪时间要长，一名学生的身心健康以及思维状况的改变是否受到篮球运动的影响需要进行长期的记录和观察；实验分析要十分严谨且详细，需要认真鉴别学生状态的改变是否与从事篮球运动有直接或间接的关系，提出其他因素才能得到真实有效的数据资料；实验设计要非常科学，由于涉及学科广泛，实验过程复杂，实验时间较长，所以整个实验设计必须兼顾到各个领域和步骤的具体情况，各环节配合默契，才能保证最后得到预期的效果。

二、优化宣传手段，明确宣传内容

宣传最重要的目的就是主动影响人们的意见，其信息的真实性并不要求是完全准确的，会增加一些偏见或者夸大的因素，以达到吸引人们注意力和影响判断力的目的。宣传在当今时代是推广一项事物的重要手段之一，从商品广告到政府决策等诸多领域都会运用宣传的手段去达到特定的目标，好的宣传方式甚至可以在一定程度上决定事态的走向。篮球运动的育人价值在被实验证明之后所需要的就是做好宣传，要让民众了解到并且信服这些价值的内涵和作用，从而促使他们主动去进行与篮球相关的活动。

首先要做的是在学校体育教学中改变对于篮球运动的教授方式，学校或者体育教师应在篮球教学中给学生灌输其多方面育人价值的知识，诱导学生使用篮球运动来解决生活和学习中遇到的困难和问题，大力宣扬成功案例和积极成果，达到让学生、家长和校方信服和向往的目的；其次是媒体宣传，在一些对于篮球联赛如 CBA 和 CUBA 等相关的宣传中加入育人价值的因素，通过这些比较引人关注的平台去传播育人价值，使用明星效应增加可信度和感染力；最后是政府和官方的认可，政府和一些官方机构如知名高校或者篮球协会等的权威性较强，其发布的意见一般比较容易受到民众的认同，即“官方消息”。

第二节　篮球运动育人的实现保障

在当今社会，政府的决策对于某项运动的发展有着十分重要的影响作用，很大程度上决定着方案的抉择和资金的流向。同时，健全的法律也能保证项目实施过程中的突发状况得到一致有序的解决。

一、制定有利的助推政策

篮球运动育人价值的实现是一项需要社会各界通力合作的大工程，政府的决策会直接影响各级各类部门参与其中的积极性。学校在设置课程安排时不可能兼顾到所有的项目，选择哪一项作为主要项目取决于学校的自身条件以及政府的政策支持。我国的学校尤其是中小学办学模式较为相似，课程安排较为统一，一般都建立在由国家教育部颁发的教学大纲的基础上，再根据各地区各学校不同的特点略有改动。

所以，若是教育部或者地方政府可以把篮球运动作为推广体育育人价值的重点项目，不仅可以影响学校的选择，还可以集中优势力量对篮球运动育人价值进行研究和分析，帮助实验顺利进行。同时，还可以制定相关政策来推动民间篮球比赛如校际篮球联赛的进行，在政府的支持下联赛的管理和资金运转都可以得到较有效的保证。

二、建立健全相关法规

当今社会是法治社会，健全的法律法规是校园篮球以及篮球联赛顺利开展的重要保证，体育运动过程中避免不了意外的发生，篮球运动作为同场对抗项目更是容易出现受伤等意外状况。篮球联赛中出现斗殴打架或者恶意操纵比赛等恶劣状况时，相关责任人也应该收到法律的制约而不是仅仅由联赛管理部门进行处罚。只有在法律监管下的篮球联赛才可以真正做到安全有序、公正透明的可持续发展目标。

第三节　篮球运动育人的有力手段

一、联赛的开展和有效结合是篮球运动育人价值实现的有力手段

篮球比赛是展现篮球运动的主要平台，现代的篮球联赛更是体现篮球运动各方面价值的主要载体，联赛开展得好坏很大程度上反映了篮球运动发展的优劣，一个科学的可持续的联赛梯队也是篮球人才培养和输送的重要保障。篮球联赛的顺利开展可以为篮球运动育人价值全面实现起到助推剂的作用。

（一）完善各级别校际篮球联赛开展

我国现阶段开展较好的篮球联赛有中国男子篮球职业联赛（CBA）和中国大学生篮球联赛（CUBA），另外，中国大学生超级联赛（CUBS）以及耐克杯全国中学生篮球联赛等

还处于起步阶段。相对于美国等篮球运动发展较好的国家和地区，我国的青少年篮球联赛开展状况并不乐观，美国每年都会举办以州为单位的高中生篮球联赛。其规模之大甚至超过了全美大学生篮球联赛（NCAA），基本上所有的美国高中都会参加，而受关注程度也不逊于 NCAA 甚至 NBA，同时美国的初中和小学系统也有年度的篮球联赛。

大规模、有系统的校际篮球联赛的开展推动了篮球运动影响力的不断增强，能够使越来越多的人意识和体会到篮球运动的魅力和价值。我国现阶段应该着力开设系统的青少年篮球联赛尤其是高中级别的篮球联赛，力求吸引尽可能多的学校参与，以乡镇、县区、市、省甚至于国家为单位进行，推动篮球运动育人价值观念的传播。

（二）“大数据”是联赛科学发展的重要工具

联赛间有效结合的最好方式之一就是使我们的篮球联赛进入“大数据时代”。这一方式起源于美国，最开始并不是运用于体育行业。其意思是运用数据来分析和代表一项实物，并且运用云数据技术来作为数据之间的串联和共享，这项技术为体育联赛带来了巨大的变革。美国是个体育大国，更是个数据大国，无论是篮球、棒球还是橄榄球运动员从高中联赛甚至初中联赛开始都会有详细的数据记录，包括了其身体条件和比赛状态甚至家庭背景等各个方面的信息，再通过模型化的分析结合专家的意见对其价值和未来进行评估，最后形成较权威的排名参加选秀供球队挑选，这种系统化、科学化的长时间数据记录可以最大限度地保留球员的个人价值数据，更可以给专家和球队提供可靠的资料对其进行分析和预测。

而我国现阶段对球员的数据资料搜集很少，甚至于 CUBA 也无法做到（更不论高中或者初中联赛）对职业球队和高校在选拔人才时只能通过走访和现场测试再依靠教练经验进行选取，很可能造成误选或者人才流失等情况，无法保证人才的科学递进和输送，从而影响了我国青少年对篮球的热情，也制约了家庭和社会对篮球运动价值的认识。

二、校园篮球是篮球运动育人价值实现的摇篮

篮球运动育人价值的实现最终还是要落实在校园里，以学校体育为载体呈现在学生身上。前文提出的改善认知、完善法规和改革联赛等策略方法最终目的就是推动篮球运动在学校的全面开展，而要使篮球运动育人价值最终在学校中实现还需要涉及学校体育课、课外活动和特殊教育等方面。

（一）丰富课堂文化，灌输育人价值

体育课是学生接触体育运动专业教育的第一平台，在我国，体育课是中小学包括大学的重要课程，中小学平均每周会有 2 节到 3 节体育课，大学一般在一年级有公共体育课，

涉及各个项目，在二年级有专选体育课，每周 1 节到 2 节。体育课课时数量的设置也表明了其主要目的并不是带领学生进行体育锻炼，因为每周 1 ~ 3 个小时的体育运动是远远不够满足学生体育锻炼需求的，体育课的主要目的是教授学生各个体育项目的练习方法和如何进行适合自身的体育锻炼，以及体育锻炼的意义和作用。

篮球项目是我国学校体育的重点项目，基本属于必修课范畴，从小学到大学院校基本都会设置篮球教学课程。但是，当今大部分体育教师在篮球项目的体育课教授上存在着教学方向狭隘的问题，就是基本只传授篮球运动的技战术方法，只关注其身体锻炼价值，罕有教授篮球运动育人价值的其他方面，甚至部分体育教师自身对于育人价值的了解和体会也存在欠缺。人对于事物的第一印象往往会形成定式，学生对于体育项目的初次了解大多来自体育教师和体育课堂。所以，体育教师自身应着力学习和理解篮球运动育人价值所在并结合实践操作，在体育课上为学生讲解相关知识，并切实运用篮球运动去帮助学生解决除身体锻炼以外的更多学习和生活问题，让学生体会到篮球运动的育人价值带来的效果，进而增加其对于篮球运动的热情。

（二）提高课外活动质量，优化训练模式

课外活动是学校体育的另一重要组成部分，包括了课余时间的自由锻炼和学校安排的课外活动时间。在我国中小学课程设置中，大部分学校会安排除体育课之外的课外活动时间，一般在下午的某 1 ~ 2 个课时，在这期间学校鼓励学生离开教室到操场进行体育活动，也是为了响应国家关于“每天锻炼一小时，幸福生活一辈子”的号召。大多数学校在课余活动时间采取的是学生自由活动教师负责监督看护的模式，学生的锻炼效率一般无法达到预期的效果，经常出现爱运动的在运动，不爱运动的依然不会参与的状况。篮球比赛具有吸引学生加入的能力，学校可以在课余活动时间安排班级对抗赛或者报名赛等活动，由体育老师担任裁判，同时为比赛加入啦啦队、技巧表演等娱乐元素，尽可能多地吸引学生参与到其中，如此在无形中就把篮球运动的育人价值散播到了学生中间，使其从中受益。

学校篮球训练是培养篮球基础人才的重要方式，在美国并没有类似我国体校的专门类学校。篮球和其他体育训练都在学校中进行，学校会设立篮球队，由专门的教练负责选拔和组织训练，同时会和其他科目老师配合，尽可能地保证学生运动员的利益最大化，这也是很多美国学生愿意进入运动队的主要原因。而在我国学校，尤其是中小学设立专门篮球队的学校比例很小，尤其是一些经济发展不够发达的地区，就算被迫参加比赛也是在赛前临时安排体育教师选取学生进行训练以应对比赛，这样带来的问题有很多，最大问题就是影响了学生的日常文化课学习，遭到班主任和家长的反对。学生参与的目的也可能只是逃避学习，从而形成恶性循环，打篮球的学生并不一定热爱篮球或者擅长篮球，而优秀的人

才可能因为迫于压力而无法进行训练和比赛，同时教练员也是由体育老师临时担任，无法保证训练质量。

据此，我国学校尤其是中小学中有意愿参加系统性篮球联赛的学校应该设立专门的篮球队，聘请专门的教练员进行管理，并且依照现实研究相应的规章制度安排文化课和训练之间时间问题，同时强调以学生为第一位，篮球队的主要目的是帮助热爱篮球的学生接受更好的训练，给他们提供展现自己优势的平台，实现自己的价值或者理想。教练员应密切配合文化课老师，帮助队伍在学习和训练之间选取合适的平衡点，同队员的家长保持沟通，获得理解和信任，使篮球这项运动的育人价值充分体现在这些学生运动员身上，帮助他们的学习和生活达到更好的层次。

（三）设立特殊学生群篮球康复班，帮助解决学生心理问题

每所学校都存在着特殊的学生群体，这种特殊分为身体上的和心理上的。身体特殊指的是身体或者生理上具有残障或者疾病的学生，如肢体残疾、功能残疾、过度肥胖、哮喘、心脏病等；心理特殊指的是一些心理疾病或者障碍的学生，比如自闭症、抑郁症、多动症等。体育锻炼对于身心康复的优质效果已经得到了社会的公认，现在一些学校也设立了特殊学生康复锻炼班，但是主要手段是一些简单的体操或者传统技法的练习，对于身体残障的学生较为适合。

对于有心理问题的学生单调的体操锻炼可能无法起到很好的效果，有研究表明，我国在校生较普遍的心理问题是自闭和抑郁，主要原因是学习压力过大或者家庭影响，比如特殊家庭背景形成的自卑感等。有这类心理问题的学生一般不合群，不愿意与人交流，尤其不愿意进行语言沟通，但是这类人一般都有较丰富的心理活动和思维能力。篮球运动可以帮助他们逐渐敞开心扉，篮球比赛是团体性的项目，队员之间需要交流与合作，但并不一定要使用语言交流，事实上大部分的篮球配合来自动作和眼神的交流，就算有语言交流也是简单的代号或者词语等，这种交流比较基础，相对更容易被这类学生所接受，同时拥有缜密的思维可以帮助他们成为比赛的关键人物。在球场上出现的“被帮助”和“被需要”的感觉会使他们体会到群体的乐趣，从而帮助他们恢复心理健康。

第五章　新时代高校篮球教学研究

第一节　篮球教学概述

一、篮球教学原则

篮球教学是教师组织学生进行篮球运动实践的特殊的教育认知过程。篮球教学原则反映了篮球教学的一般规律，反映了篮球运动教学的特点，是人们从长期的篮球教学实践中总结出来的。通过篮球教学可以对学生进行全面的素质教育，使学生更深入地了解篮球运动的相关知识，掌握篮球运动的方法和技能，进而把篮球运动作为终身体育锻炼、增进健康的方法手段，因此篮球教学原则应贯彻于篮球教学活动的始终。

（一）自觉积极性原则

所谓自觉积极性原则是指在教学过程中，教师通过各种措施，激发学生自觉学习篮球运动知识的欲望和练习的积极性，从而发挥学生主动性和创造性的原则。

教学中贯彻自觉积极性原则，是由教与学的双边活动中学生是学习的主体这一因素决定的。其目的是要充分调动学生的学习主动性，引导他们积极思考、勇于探索、刻苦练习，自觉地掌握篮球理论和篮球技术、战术，提高他们观察问题、分析问题和解决问题的能力。

在篮球教学实践中，教师要运用设疑、联想、比较、形象等方法，启发学生积极思维，以提高学生的运动能力和思维能力为核心。教师要根据教学任务和具体条件，严密组织整个教学流程，科学地安排各种技能的学习顺序，使学生充分理解每个技战术的要领、用途、运用时机和动作的变化等，提高学生学习的积极性；并且通过对技术动作的生物力学和运动学分析，使学生掌握正确技术动作的概念和动作方法；根据篮球攻守对抗规律，使学生掌握技术运用和战术方法。

同时，教学中要保护和进一步培养学生对篮球运动的兴趣，教师要积极研读教材、教法，注意教材内容的多样性、系统性和实用性，并适当增加一些竞赛性的内容，以提高学生的学习兴趣，使学生对篮球运动的兴趣转化为执着的热爱，从而使学习的积极性更高、更持久。

在篮球教学中，要特别注重民主平等师生关系的建立，从而创造出一个生动和谐的教学环境。教师要成为班级教学活动中具有主导作用的一分子，平等对待学生，坚持正面教育和以表扬为主，发扬教学民主，宽严适度，尤其对基础较差的学生要倍加爱护和帮助，使每一个学生的学习潜力都得到发挥。

（二）直观性原则

直观性原则是指在篮球教学中利用学生的感官和已有经验，通过视觉、听觉和肌肉本体感觉等各种形式的感知，丰富学生的感性认识，使学生获得生动的表象，从而更快掌握所学的知识、技能，并培养学生的观察、思维能力的原则。

在篮球教学中，直观性原则具有重要的意义。篮球教学过程是学生认识和掌握运动技能的过程，教师正确的讲解示范，有助于学生建立正确的动作表象，对形成正确的动力定型非常重要。篮球教学中经常使用的直观教学方式有动作示范、沙盘演示、电影、录像、技战术图片等。

在篮球教学中贯彻直观性原则，首先要有明确的目的和要求。教师要根据教学的任务和教材的特点以及学生的情况，有目的地使用直观教学方法。如对学生进行技术教学时，宜多使用动作示范、技战术图片等，可以把学生的动作录像重放，与正确技术进行比较，以纠正学生的错误动作。对学生进行战术教学时，宜用沙盘演示，或用生动形象的语言进行讲解。其次要运用多种直观形式和手段进行教学。运用挂图、图片、图表、观看比赛、电影、幻灯、录像等手段，使学生感知动作的表象以及动作过程中的时间与空间的关系，从而提高教学的效果。生动形象的语言具有直观的作用，这就要求教师在讲解、提示、指导时要具有启发性，并能联系学生已掌握的有关知识、技能，用生动形象的语言，通过分析、比较等方法，使学生较快地理解并掌握动作的要领和完成的方法。

（三）实效性原则

在篮球教学中贯彻实效性原则，就是要从学生的实际情况出发，紧紧抓住教学中的主要矛盾和矛盾的主要方面，解决教学中的重点和难点问题，以教学场地、设备、器材、气候等实际条件为基础，力求符合学生的年龄和身体素质发展水平等。同时提高教学的艺术性，教法要简单易行，讲求实际效果，在有限的教学时间内，达到既能使学生掌握知识技能，又能增强体质和提高能力的效果。

贯彻实效性原则，就是要注重实际效果，不追求表面效应，力求全面准确地把握教材内容，深入地分析技术、战术内涵，把握事物的本质，抓住关键，解决好难点和重点问题，带动一般性问题的解决。比如在移动技术教学中，抓住了身体重心的控制和转移、维持身体在移动中平衡的这个关键技术，其他移动方面的问题就不难解决了。在投篮技术教学中，抓住投篮手法这个关键技术，可以带动投篮技术的学习。

在教学中贯彻实效性原则就要求不断研究改进教学方法。要深入调查研究，真正了解学生的思想状况、身体条件、技战术特点、个性特征、家庭背景等各方面的情况，以便能采取有效措施，做到既有统一要求，又能区别对待；要深入研究教材和教法，充分利用现代化的教学手段。在技战术教学中，要精讲多练。“精讲”是在深入分析教材和学生实际的基础上实现的，“多练”就要设计符合篮球运动特点和学生实际水平的练习方法，给学生更多的实践机会。

（四）循序渐进原则

循序渐进原则是指篮球教学的内容、方法和运动负荷的安排必须符合人的认识规律、符合动作技能形成规律和人体生理机能活动变化规律，真正做到由简单到复杂，由低级到高级，由单一向综合发展，使学生循序渐进地掌握基本知识、基本技战术和基本技能，形成严密的逻辑思维体系。

贯彻循序渐进原则就要求教师在安排教学内容、组织教法时，应遵循由浅入深、由易到难、由已知到未知不断递进的原则。同时，还应注意易与难、简与繁、浅与深的结合，对易和难、简和繁、浅和深的把握应结合学生的特点和现实条件进行全面考虑。比如，移动是篮球运动的技术基础。在安排基本技术教学时，要先学习进攻移动，后学习防守移动。在此基础上再学习运球、传接球、投篮、持球突破、抢篮板球、防守等基本技术。只有全面地掌握了基本技术，才能学习战术基础配合和全队战术。

同时要求教师要注意教学方法的系统性，根据动作技能形成的规律，从认知定向阶段（泛化阶段）、巩固提高阶段（分化阶段）到熟练阶段（自动化阶段），都要依据动作技能形成的阶段性特点来组织教学。如在技术的初学阶段，要通过讲解、示范和试做，使学生建立动作概念、视觉表象和初步的运动感觉，通过不断练习使正确技术动作巩固下来，然后再加大练习难度，使动作达到熟练并能在实战中运用。所以，教学中必须注意教学的阶段性特点，并针对不同阶段采取不同的教学方法。

篮球教学中贯彻循序渐进原则，还要注意合理安排运动量。疲劳是运动过程中必然会出现的。疲劳在技术教学和训练中有其积极的意义，没有疲劳就没有超量恢复，因此运动负荷要由小到大，有节奏地合理安排。随着运动技术、技能的不断熟练，可以逐步增加运动的强度和负荷量。但是，过度疲劳也同样不能达到促进健康、提高身体素质和技术水平的目的。因此，根据学生的身体状况、教学内容、场地、气候等综合因素来合理安排运动负荷，是安排篮球教学任务所必须注意的。

尽管上述各教学原则具有相对的独立性，但是它们并不是孤立存在的，而是有相互联系的有机整体。所以只有全面综合地运用各个教学原则，发挥教学原则的整体功能，才能顺利解决教学过程中一系列的问题，更好地指导教学实践。

二、篮球运动教学方法

教学方法是教师为完成教学任务而采用的具体手段，是教师引导学生掌握知识技能、获得身心发展的共同活动的方法，也是教学原则的具体运用和体现，是教学过程整体结构中的一个重要组成部分。教学方法的选择直接关系教学工作的成败。

（一）常用的教学方法

在篮球运动教学中，常用的教学方法有以下几种：

1. 讲解示范法

讲解示范是篮球技、战术教学中的重要环节。讲解的内容包括技术动作的名称、概念、作用、技术结构、技术要领、技术关键等。讲解要简要、生动、形象。讲解要突出重点，既要注意技术原理的分析，又要启发学生的思维，语言要生动形象，使学生易懂、易记。

然后做出正确的示范，示范的目的是让学生建立正确的技术动作表象。示范时既要注意动作的规范性，又要使学生都能清楚地看到示范的全过程。对于复杂的技术动作和战术配合，则要反复讲解示范，并启发学生积极思考，更快领会动作的要点。

2. 完整与分解相结合的教学法

篮球教学过程中，应根据不同的阶段和条件以及不同的对象，采用完整或分解教学法，但要注意二者的结合。通常情况下，开始学习新动作时，采用完整教学法，以保证动作的完整性、连贯性，使学生形成整体概念。而较复杂的技术动作、战术配合，则采用完整分解结合法，比如运球急停跳投技术可分解为运球、运球急停、原地跳投练习，在此基础上再进行完整教学。战术教学通常是先完整讲解示范，使学生清楚布阵、移动路线、配合时机、协作方法等，再进行分解教学和练习，使学生逐步掌握整体战术配合。

3. 指导纠错法

发现错误是纠正错误的前提。这就要求教师要有对错误敏锐的观察和判断能力，这种观察和判断能力来自对篮球技术、战术的深入研究，来自多学科理论的积累，来自长期教学经验的总结，来自对教学工作的敬业精神。这就要求教师在教学中应注意观察，及时发现学生的错误动作，分析产生错误的原因，寻找纠正方法。纠正时应针对具体情况，抓住主要矛盾，采取有力措施及时纠正。可采取简化练习条件、形式，或进一步分析动作，或采取辅助性的慢动作练习，以便使学生尽快掌握正确动作，形成正确的动力定型。

（二）现代教学方法

随着我国教育改革的逐步深化，在篮球教学过程中，新的篮球教学理论与方法也不断涌现。在篮球教学过程中，更加重视和强调学生在学习中的主观能动作用，逐步形成以“教师为主导，学生为主体，发展为重心，自我锻炼为主线”的教学观，努力提高与培养学生独立思考、自我锻炼的能力和习惯，在教学方法上也产生了“发现教学法”“掌握学习法”“程序教学法”等现代教学方法。

1. 发现教学法

篮球运动教学中的发现教学法，是指在教师指导下，学生身临教师创造的学习情境，通过主动的观察、分析、体会、归纳等学习活动，独立发现问题、解决问题的过程，并在知识的定向作用下，通过有序的练习形成运动技能，培养良好的发现学习习惯，使知识、技能和能力都得到发展的一种方法。

这种方法的特点是在教学活动中使学生处于相对主体的地位，在观察与体会中发现和学习新的知识，掌握新的技能。

2. 掌握学习法

“掌握学习”理论是以“人人都能学习”这一信念为基础，以“基本能力和能力倾向各有差异的学生组成的学习集体”为前提，以“传统的集体教学方式”为核心，通过有序的个别化教学活动，使绝大部分学生达到既定教育目标，实现教学大面积丰收的开发性教学方法。掌握学习法的实质是群体教学，并辅之以每位学生所需的频繁的反馈和个体的矫正与帮助。

3. 程序教学法

程序教学是把教材分成连续的小部分，严格按照逻辑编成程序的一种自动教学活动体系。在程序教学中，学生的自学是在教师为其设定的程序中进行的，教师实施“导”的主要手段是为学生编制适合他们学习的教材——练习程序。运用程序教学法，学生学习的主动性和积极性较高，它可以把发挥学生的主体作用与具体的教学理论有机地结合起来。学习是在反馈与强化控制作用下进行的，具有适应性等特点。

（三）分层升降教学

所谓“分层升降教学”，就是在教学中，遵循因材施教原则。在分析教材的知识结构与学生心理、生理发展的基础上，依照学生自身的具体情况，把他们分成几个不同层次水平分别进行教学，在学生学习过程中，对他们所学习的内容进行考查，在原有的层次基础上，对技术动作提高较快的学生上升一层次继续学习，对技术动作掌握不够的学生则降一层次学习，这是循序渐进地达到教学目标的一种教学组织形式。“分层升降教学”是教师给同一水平的学生一起学习的机会，体现了因材施教原则，极大地调动了每个学生的学习积极性，使所有学生都能得到更大的发展。分层升降教学的优势有如下四种：分层升降教学体现“因材施教”的教学思想，具有较好的教学效果；分层升降教学使学生掌握全面的篮球技术，提高他们的专业水平；分层升降教学有利于培养学生学习兴趣，激发他们的学习动机；分层升降教学有利于促进学生快速发展，提高他们的交际和社会适应能力。

（四）激发学生学习篮球兴趣的方法

众所周知，兴趣是人内心的一种心理现象。许多研究认为，兴趣是人行动的动力。著名心理学家巴甫洛夫认为，引起兴趣的事情最容易实现，并且有很大的效果，而没有兴趣和强迫进行的学习或工作，会扼杀学生掌握知识的意愿。因此，只有把培养兴趣和提高认识紧密结合起来，才有可能得到良好的教学效果。篮球教学与其他教学活动一样，也要从培养和激发学生兴趣的角度出发，提高学生参于篮球学习活动的积极性。

1. 生动形象的讲解激发兴趣法

生动形象的讲解在现代教育教学活动中具有不可忽视的地位。生动形象、富有艺术情感的讲解是培养兴趣的向导前提。教师如果在教学中能运用准确、生动、简洁、明快、引人入胜和逻辑性很强的语言进行讲解，那么对于激发学生兴趣是非常重要的。大学生最怕干巴啰唆的一些套话。所以，不断学习提高语言表达能力，使用形象化的语言，就成了每一个教师必备的一项基本素养。因此，教师在教学中讲解动作时，应力求突出重点和触类旁通，并尽量通过准确精练的语言和恰当的比喻使一些抽象的概念具体、生动和形象。比如我国篮球运动员姚明在美国 NBA 努力打拼时，轻伤不下火线，为自己也为祖国争得荣誉的事例，激励学生努力学习，为国争光。在篮球教学中，绝大多数的体育教材具有强烈的生活气息，在客观上给体育教学的讲解提供了丰富生动形象的语言基础，只要教师运用得巧妙，不仅有助于提高学生对技能、技术动作的理解能力，而且易于培养和激发其学习积极性，使他们记得牢、想得到、联系得上、兴趣高。

2. 篮球游戏激发兴趣法

篮球运动起源于游戏，本身具有游戏的特点和功能，受到越来越多的大学生喜爱。高校篮球教学中，进行篮球游戏教学会强化大学生的学习兴趣，因为大学生在对某一事件产生强烈兴趣的时候，就会集中精力主动地去把它做好。在篮球教学中，大学生对于感兴趣的知识，学习时会积极主动，可以更持久和集中注意力。即使碰到各种困难，也会想办法努力克服，并产生愉快情绪。因此，将篮球游戏与篮球教学紧密地结合，笑声、击球声不断；并且在不知不觉中达到了激发兴趣的教学目标，会获得良好的教学效果。大多数青少年喜欢篮球活动实际上是喜欢篮球运动所带来的乐趣，通过篮球游戏可以结交朋友、娱乐身心、享受篮球运动的乐趣。一些心理学研究表明：学生获得好成绩的诸多因素中，兴趣占 25%，而在学习失败的诸多因素中，缺乏兴趣占 35%。因此，兴趣是学生产生学习积极性的源泉。在篮球教学过程中恰当地安排游戏能十分有效地调动大学生学习的积极性，能够让大学生在学习篮球技术的过程中享受篮球的乐趣，在兴奋中掌握篮球技术，促进篮球教学效果的提升。

3. 美学激发兴趣法

在篮球教学中，培养学生对美的追求与欣赏是培养兴趣的重要手段。在许多篮球比赛中，可以体会到美感无处不在，而现代大学生又很善于模仿，篮球运动员所表现出的高超技艺，会成为学生们争相模仿的对象。要使学生产生“我要学好篮球”的心理愿望，应该从宣传篮球的美感上下功夫，使大学生产生积极主动的心理准备，大学生的好奇心也会不断增强，会产生跃跃欲试的冲动，如：在课前，运用多媒体播放 NBA 的比赛，展示球星科比极具美感的各种投篮动作以及在场上不可战胜的王者气势；超级巨星詹姆斯打球时的自信、超强的身体素质、超高的篮球智商；艾弗森娴熟的运球技巧、精准的投篮，以及恰当的妙传等场景。从而提高大学生欣赏篮球艺术的境界。这样，大学生的篮球学习兴趣在无形之中被引导起来。在教学过程中美学因素非常重要，包括教学环境和教态仪表的美化、讲解时生动形象的语言、示范的轻松优美，都会大大激发大学生参加锻炼的动机与欲望，培养大学生对美的追求与欣赏。

4. 比赛激发兴趣法

采用篮球比赛教学也是一种激发学习篮球运动兴趣的重要方法，大学生具有争强好胜、喜欢表现的心理特征，当他们学习了新的篮球基本技术之后，都期待能够在比赛场上展示出来。篮球比赛能够大大地调动学生学习篮球基本技术的积极性，也对提高大学生学习兴趣及活跃课堂气氛都有十分重要的作用；举行比赛满足了学生的心理要求，又不断检验了学生的学习成效，巩固了教学效果。同时对增进同学之间和班级之间的友谊，培养集体主义精神等优良道德意志品质以及提高终身体育意识都具有极其重要的意义。当然，篮球比赛教学法也可以提高兴奋度，使大脑达到良性兴奋状态，使学生放松紧张的情绪，使精神更加高度集中，最大限度地发挥出自己的能力，挖掘自己的潜力，促进学生全面发展。

5. 创设情境激发兴趣法

教师在篮球教学中向学生描述教学问题情景，分析教学疑难情景，把概括的疑难情景作为探究的出发点；教师的作用就是帮助学生理顺所探究问题的逻辑结构，帮助学生形成一套有效的探究策略，教师在教学中要尊重学生学习的选择性、能动性、自主性、创造性和学生的独立人格，这是教学的基本准则，也是教师对待学生的态度，应当把学习的主动权交给学生，善于激发和调动学生的学习积极性，留给学生自主学习的时间和空间，使他们有充分的准备去主动参与教学活动，积极思考，亲身实践。

第二节　篮球运动教学理论

一、篮球运动教学理论概述

篮球教学是一个教育实践过程，篮球教学理论就是从篮球教学实践中总结、概括并上升为理论的科学体系。篮球运动的发展离不开理论的支撑，篮球运动理论体系的强大与否、篮球运动理论研究层次和水平的高低，直接关系着一个国家篮球运动整体的发展水平，这是已经被篮球运动发展所证明的一条客观规律。

篮球运动教学理论是将一般的教学原则和相关科学的理论与方法融为一体，促使学生有效掌握篮球运动基本知识和技能的一种专项理论。

（一）认知心理理论

篮球教学不仅是组织学生进行身体运动，而且要传授大量与之相对应的操作性知识。因此，在学习篮球技术的过程中，首先要通过人的感觉器官直接感受学习篮球技术的动作，形成运动感知觉，然后通过反复练习，再形成运动表象。在教学实践中要特别注意使篮球知识与篮球技术表象之间建立起坚固的联系，同时要通过认知活动来激发学生学习篮球运动的动机和兴趣。

（二）动作技能学习理论

篮球运动技能的形成与发展，一般经历粗略掌握、改进提高、巩固运用和创新发展阶段。学习和掌握篮球运动技能的过程，其生理机制是以大脑皮层为运动基础的运动条件反射暂时性神经联系，其本质是建立复杂的、连锁的和本体感受的运动条件反射。

（三）运动过程中生理机能变化理论

篮球教学是教师组织学生进行运动实践的过程，身体练习是掌握篮球技术技能的主要途径。在身体练习过程中，人体生理机能活动变化的规律是由相对安静状态逐步进入工作状态，人体工作能力由逐步提高进入最大限度水平，之后又逐步降低，经过长期的身体活动练习，既提高了篮球运动技能和身体素质，又使身体的运动机能得到了适应性改善。所以遵循规律组织篮球教学，不但可以提高教学的质量，而且可以维持健康，减少运动创伤事故的发生。

（四）篮球运动技能开放性与对抗性理论

众所周知，体育运动技能分若干种类，各类技能的性质均存在一定的区别。篮球是直接对抗性运动项目，其技术的运用完全取决于实战中攻守关系的变化，没有固定的程序。因此，篮球技能属于开放性运动技能（又称非周期性技能），在教学过程中，必须遵循篮球运动技能学习与认知规律，采用合适的学习方法，把培养快速的应变能力、对抗能力、配合能力以及意志品质放在重要地位。

二、体育教育专业篮球普修课程教学内容模块分析

篮球课程是普通高等学校体育教育专业必修的主干课程之一。篮球教学的任务是在教师指导下，掌握篮球的基本理论、基本技术、战术和基本技能，促进学生综合素质的全面发展。所以为了提高学生的学习效果，完成课程的任务，不仅需要采用合理的教学方法，也要对教学内容进行科学安排。

通过综合运用文献资料法、问卷调查法以及数理统计法对北京体育大学、武汉体育学院、华中师范大学、湖南省第一师范学院和湖南文理学院五所院校进行了调查，调查内容如下：

（一）体育教育专业篮球普修课程教学内容情况分析

教学内容的选择要紧密联系人才培养目标，依据制订的教学计划，符合课程教学目标。由于培养目标的差异和教学时数的不同，五所学校对教学内容的选择也有不同的认可（见表 5–1）。

表 5–1　五所学校篮球教学内容使用频率表

学校	内容
五所	起动、跑、急停、转身、滑步、撤步、双手胸前传球、接球、原地单手肩上投篮、行进间单手低手投篮、高低运球、急停急起、体前变向运球、交叉步突破、攻防战术基础配合、快攻与防守快攻、攻防人盯人防守、篮球技术（理论）、篮球运动概述（理论）、篮球教学（理论）、篮球裁判（理论）、篮球运动竞赛的组织与编排（理论）
四所	体侧传球、胯下运球、运球转身、抢篮板球、防守对手、攻防区域联防、篮球战术（理论）、中学篮球队训练与比赛工作（理论）
三所	背后运球、跳起投篮、篮球场地与设备、同侧步突破
二所	篮球文化、单手肩上传球、篮球科学研究、篮球游戏、原地双手胸前投篮
一所	行进间单手肩上高手投篮、全场紧逼攻防

通过观察表中内容可以看出，五所学校都选择的教学内容有 22 项，以基本的技术动作和简单的战术为主，理论内容偏向于学生实用。8 项内容有四所学校选用，可能是教学课时少的原因，有个别学校没有列出，其实这部分内容还是对学生挺有帮助的。一些教学

内容由于课时、难度和实用性的关系而没有被其他学校采用。

（二）体育教育专业篮球普修课程教学内容模块研究

循序渐进原则是指教学内容、教学方法和运动负荷等的顺序安排，由易到难，由简到繁，逐步深化提高，使学生系统地掌握基础知识、技术、技能和科学的锻炼方法。因此，篮球教学内容根据难易程度也可以分为易、中、难三个模块，在篮球教学和考核中，一般情况下学生只能从易到难完成相应的模块并经考核合格后，才能进入下一个模块的学习。但是，在同一个教学模块里，所有教学内容也要进行科学排序，即要有利于学生理解和掌握篮球技术之间存在的必然联系和学生在比赛中合理运用，也要充分调动学生学习的积极性和主动性，如表 5–2 所示。

表 5–2 篮球教学内容模块表

模块	教学内容
一	①动一跑一急停→转身→接球→双手胸前传球→高低运球→行进间单手低手投篮→篮球运动概述（理论）
	②原地单手肩上投篮→滑步→撤步→高低运球→变向运球→急停急起→篮球技术（理论）
二	③篮球教学（理论）→防守对手→胯下运球→运球转身→体侧传球→交叉步突破→抢篮板球→中学篮球队训练与比赛工作（理论）
三	④篮球战术（理论）→攻防战术基础配合→快攻与防守快攻→篮球裁判（理论）→攻防人盯人防守→攻防区域联防→运动竞赛组织与编排（理论）

以上教学模块的设计是对八位专家访谈和调查后所确定的，在调查之前提出以下原则：同一难度不同教学内容在比赛中的相互联系；有利于调动学生学习的积极性和活跃课堂气氛，尽量把投篮内容安排在前面；篮球教学的基本规律，如先教防守再教进攻。

第三节 篮球运动科学研究

一、篮球运动科研的意义

一个国家体育发展方针、政策、制度的正确和完善与否，从根本上制约和决定着体育发展的规模和速度。而推动篮球运动发展的重要手段是篮球科研，所以只有大力开展体育科学研究活动，方能从整体上使我国科学体育体系不断地完善，科学理论水平不断地提高。恩格斯曾经说过：“一个民族要想站在科学的最高峰，就一刻也不能没有理论思维”。体育科学理论只有具有先进性、时代性和科学性，方能有效地指导体育运动实践。篮球运动科研的意义主要体现在以下几个方面。

（一）篮球运动科学研究是建立高素质师资队伍的重要环节

高素质的教师队伍，是高质量教育的一个最基本条件，在学校教育中，处于主导地位的是教师，有什么样的教师就有什么样的学生，所谓名师出高徒。因为，教师的世界观、价值观和言行随时都对学生产生潜移默化的影响，要培养合格体育人才，必须重视教师在教学中的作用，培养一支高素质的师资队伍。篮球运动科研有助于体育工作者树立科学的世界观，提高认识能力、科学素养和业务水平，有利于教师在教学活动中发现问题、解决问题，从而在适应社会主义市场经济体制下，培养体育专业人才的模式。

而如何提高专业教师的科研能力，是建立高素质师资队伍的重要环节，也是提高教学质量的关键因素。学校若想提高教师的科研能力，应做到：首先，要加强科研工作的研究和管理。作为篮球科研工作的管理部门，一定要了解和掌握这些特点和规律，加强对篮球科研工作的研究，提高管理水平，把新理论、新技术、新方法运用到篮球科研的管理工作中，把握篮球科研的时代脉搏。其次，学校要打造一种积极向上、有序竞争的用人环境，建立完善的教学效果评价体系和教师科研奖励条例，同时把篮球科研、篮球教学、训练工作结合起来，充分发扬体育科研促进教学、服务训练的作用，鼓励和支持教师积极从事科学研究，提高教师教学科研能力。最后，建立学科带头人的教学、科研管理制度，充分发挥老教师教学经验丰富、科研能力强的优势，注重老教师传、帮、带的作用，把一些思想觉悟高、业务素质强的青年教师收纳到科研队伍中，并且发挥青年教师年富力强、头脑灵活、思维敏捷、敢于探索、勇于拼搏的特长，有组织、有计划、多渠道地开展体育科研工作。

（二）有利于丰富全民健身活动的内容，促进全民体质的增强

篮球运动还有助于改善个人的生活方式与提高生活质量。当然，不同年龄、不同性别、不同职业、不同民族的社会成员之间在体质方面有着巨大的差异。因此，篮球运动的方式、锻炼时间的长短、强度大小等，只有因人制宜，才有利于全民健身战略的实施。

（三）为篮球运动竞技水平的提高提供科学依据和指导

现代篮球运动已经达到较高的水平，如果要继续攀登世界篮球运动的高峰，单靠老一套的训练或经验是绝不能达到的，所以必须依靠科学体育，依靠篮球科学研究对篮球领域内诸多方面进行探索。借助对篮球教学、训练、比赛中的变化规律，通过对科学选材、教学、训练、竞赛的管理、有效调节比赛心理状态、合理营养、疲劳恢复等具有针对性的研究，为教学、训练、比赛提供科学的依据，从而加快我国篮球运动竞技水平的提高。

二、篮球运动科研的特点

篮球运动科学与其他体育项目科学研究一样具有许多共同的规律。但由于篮球运动本

身的特殊性，从而使篮球运动科研活动具有以下特点。

（一）研究的综合性

由于篮球运动的发展受政治、经济、文化、教育等诸多社会因素的制约，篮球运动的参加者不仅受生理、心理、文化等多种因素的影响，同时，随着现代篮球向科学化、社会化及职业化道路的迈进，职业篮球带来的商业化、产业化也促进了21世纪篮球运动观念、理论的更新，技术与战术的创新，形成了篮球运动的新特征。而且篮球运动科学研究涉及体育学科，如人体解剖学、人体测量学、运动生理学、运动生物化学、运动生物力学、运动医学、运动营养学、运动保健学、运动训练学、体育心理学及统计学、教育学、社会学、经济学、法学、管理学、哲学、文学等多种学科以及老“三论”和新“三论”等创新理论。因此，为了全面地探索篮球运动的未知因素，揭示篮球运动的规律，有必要进行涉及科学、人文社会学、哲学等方面的综合研究。而综合运用各种研究方法，可以从不同角度探讨并解决篮球运动的诸多问题，从而拓宽篮球科研领域，加大研究深度，增强研究的科学性、实效性和针对性。

（二）研究内容的范围广、包容量大

随着篮球运动的发展，现代篮球比赛已不仅体现在双方队员在篮球场上的竞技，而且反映在场下球队建设的全方位抗衡。由此决定了篮球运动科学研究所要探索的未知事物涉及的范围广、问题多，在研究过程中充满了许多不确定的未知因素，从而为篮球科学研究提供了广阔的空间。就研究层面来讲，既有指导性的理论体系、领导体制和发展战略等的宏观研究，同时又有操作性的生化反应、力学分析和技术运用等应用研究；既有对国家队等高层次篮球队的研究，又有对少儿篮球以及篮球后备力量的研究。

（三）科研过程的动态性和研究结果的创新性

外部的环境变化则是篮球运动创新提高的外源性动力。规则的修订、赛制的调整、体制的转变、相关学科知识的发展和现代科学技术的创新，都对篮球运动的持续动态发展、不断创新提高起到了积极的引导和促进作用。

而且篮球运动科学研究也秉承了篮球运动的动态特点。篮球运动科学研究一般时间长、跨度大，从提出科学假想、搜集资料、进行预实验、科研实验到结果分析、科学论证、得出结果，其过程就是一个动态发展的过程。随着相关学科知识和科学技术的发展，越来越多的新理论、新方法、新手段、新科技成果运用于科研之中，使篮球运动科学研究的方法、成果也不断创新发展。由此可见，研究中一成不变的方法、思想，没有新意的命题、思维，都无法保证研究的科学性和创新性，同时也会影响研究结果的实效性。

三、篮球运动科研的主要内容

随着现代科学技术的发展，篮球运动科学研究在其发展中不断地吸收其他科学领域的知识和方法，使篮球运动科学研究的范畴越来越宽，探讨的问题越来越深入，研究的方法越来越广泛，概括起来有：对篮球运动发展史的研究；对篮球技战术的发展、运用与创新的研究；对篮球运动员选材、育才、成才规律的研究；篮球与相关学科的理论运用研究，如社会学在篮球学科中的运用研究以及管理学在球队管理中的运用研究等；对篮球规则、裁判法的研究；对我国篮球运动发展的战略与规划研究；对篮球职业化、产业化的研究。

第六章　高校篮球教学与训练理论基础

篮球教学与训练是现代篮球运动的重要组成部分，是发展运动技术水平和提高运动成绩的主要途径，也是各级学校体育活动和篮球学科建设的重要内容。篮球教学与训练是以传授篮球运动知识、技能为目的而进行的有组织的教育教学过程的基本形式，也是为提高运动员（学生）篮球运动水平所进行的系统、科学的训练过程。体育院校篮球教学与训练的目的是使学生系统掌握篮球运动的相关理论知识与技能，提高运动水平，并有组织地使学生系统掌握篮球教学与训练方面的知识和技能，培养学生组织篮球教学和开展篮球训练工作的能力。

在篮球教学与训练中，篮球教学侧重于使学生通过教学活动的过程，基本掌握篮球技术、战术概念，主要技战术方法，规范技战术要求；篮球训练则侧重于提高学生各种技战术方法的熟练性与运用能力，提升其运动技术水平。

第一节　篮球教学理论基础

教学理论是教育学的一个重要分支。它既是一门理论科学，也是一门应用科学；既要研究教学的现象、问题，揭示教学的一般规律，也要研究利用与遵循规律解决教学实际问题的方法策略和技术。

一、篮球教学的特点

篮球教学作为体育教育活动的一个组成部分，是以传授篮球运动知识技能为目的而有组织的教育教学过程，在这一过程中必须遵循体育教学的基本原理，而且，还应根据篮球教学规律，正确认识篮球教学的特点，这对科学组织篮球教学过程，提高教学质量都有十分重要的现实意义。

（一）篮球教学是一个基本知识传授和基本技能学习的过程

篮球教学活动具有确定的方向性和明确的目的性。体育院校篮球教学的目的是使学生掌握篮球的基本知识、基本技术和基本技能，学会和掌握篮球运动的组织教学方法和基本技巧，具备在普通学校体育教学中能运用篮球教材组织学生进行身体活动的能力。可以说，篮球教学更侧重于使学生由不会到会、由不懂到懂，逐步掌握各项篮球技术与技能的一个过程。根据教学任务与学生的实际情况，教学往往是从最基本的篮球知识、技术、技能开始的。因此，强调在篮球教学中必须遵循篮球技术、技能形成的基本规律。

（二）篮球教学以发展学生对球的感知能力为前提条件

篮球运动是以手控球的一项活动，绝大多数技术都是通过手对球的控制与支配所完成的。手对球的感知能力是学习与掌握篮球技能的前提条件。这种专门性感知能力的掌握与提高需要在较长时期的练习中逐步发展起来，这种感知能力的本质属于特殊知觉的发展过程，对练习具有一定的依赖性，即练则提高，不练则退。因此，在篮球教学实践中必须重视这一特点，始终重视与加强对学生这种专门性的球感能力的练习，这也是由篮球教学的专项原则所决定的。

（三）篮球教学是一个教与学的统一活动过程

篮球教学是把教师的教和学生的学的活动交替或结合在一起的一个双方面活动。教学活动正是由于有这两方面的共同活动，才具有其他活动所不能替代的特殊功效。篮球教学中包括教师传递信息的教授法，也包括学生听讲和观察的学习法，是以解决教学任务为目的的师生共同活动的方法，是指导者与被指导者双方的活动，篮球教学始终通过教师的不断指导与学生的反复练习来实现教学的目标，篮球教学永远是教与学统一的活动，具有双边性的特点。

（四）篮球教学的组织更强调教师的组织能力与教学技巧

篮球教学是在篮球场上进行的，课堂上往往面临的学生人数较多，可利用的场地也有限，这给教学组织带来了一定的困难。同时，篮球教学是以发展学生控制与支配球的技能为前提的活动过程，但由于学生技术参差不齐，在学习和练习过程中必然会出现很多的失误，不可避免地影响教学次序，导致课堂混乱，影响练习的强度和密度。这就要求篮球教师必须要有较高的组织能力与教学技巧，使课堂教学能够安全有序地进行。所以说，篮球教学具有组织性与技巧性。

二、篮球运动练习时应注意的问题

练习是体育教学的基本形式，也是篮球教学实现教学目标、完成教学任务的基本途径与手段。在篮球教学与训练中有多种多样的练习方法，篮球技术、技能的学习与掌握，通常都是通过动作练习、技术练习、组合练习、配合练习、综合练习和对抗练习等形式进行的，这些不同的练习有着不同的目的、任务和要求，在练习中应特别加以注意。

1. 动作练习

动作练习主要是通过简单的练习形式和方法，解决动作方法由不会到会的问题，教师（教练员）应把注意力放在动作的规范上，从动作结构入手，抓住主要环节。在这类练习中要特别注意观察学生（运动员）完成动作的情况，及时给予帮助、分析，并纠正其错误，使他们掌握正确的动作。然后，再注意动作细节，改进、完善整个动作，使之形成正确的动力定型。

2. 技术练习

技术练习主要是通过由简入繁的练习形式和方法，改变完成动作的条件（如原地、移动、跳起等），增加完成动作难度（如距离、方向、速度等变化），使学生（运动员）在各种条件下能完整地完成动作和进一步改进与完善动作。在练习中，不仅使动作的正确性得到提高，而且在动作的连贯性、协调性、快速性和准确性方面都得到提高，从而能熟练地按技术要求完成动作，具有初步运用某个动作技术的能力。

3. 组合练习

组合练习主要是把多个单一的技术动作组合在一起进行练习，有同类动作的组合，也有不同类动作的组合，它们大都是由个人在一次控球中完成的，以求进一步提高某个动作技术的运用能力。由于篮球技术的运用具有综合运用的特点，多属组合动作，因此它也是个人比赛能力的基础。组合练习在整个篮球技术练习中运用较多，是配合练习、综合练习、对抗练习的重要组成部分。教师（教练员）应从动作的实用性和队员的技术水平出发，选择或设计组合练习。在组合练习中应抓好动作之间的衔接，即抓好影响动作连贯的因素：动作结构、动作数量、动作熟练程度、协调性、平衡能力等。还要从练习的形式和方法、动作的选择、动作的速度、动作的节奏等变化，以及假动作的运用等方面去考察动作的灵活性和实效性。

4. 配合练习

配合练习是由两名或两名以上队员共同完成的组合练习，教师除了要注意队员完成动作的正确性和灵活性以及动作之间的连贯性外，还应注意练习中的位置、距离、路线、行动的时间以及动作变化等方面的问题，要求各队员相互协调地行动，提高技术的运用能力，最重要的是培养战术配合意识。

5. 综合练习

综合练习主要是通过不同的练习形式和方法，组合各种动作技术加以综合运用，使队员在球场上的行动更接近和符合篮球比赛实际的需要，进一步提高学生（运动员）的实战能力。综合练习应在队员已具有一定训练水平的基础上开展。由于练习的内容多，要求高，教师（教练员）应周密考虑练习的针对性、合理性和实用性，对练习中的位置、距离、路线、动作、时间、节奏等方面有具体的要求，应强调动作的衔接与连贯，以及配合的相互协调。教师（教练员）要善于观察分析，注意队员战术意识的培养，发挥队员的主动性和创造性，提高他们的应变能力。

6. 对抗练习

对抗练习在攻守对抗条件下进行，攻守队员各自有意识地运用各种技术动作，争取主动状态，制约对方，积累对抗经验，提高实战能力。对抗练习可以是个人的或集体的，可以是固定条件的，也可以是灵活条件的对抗，要逐步提高要求。对抗练习也是综合练习的较高级形式，要求队员不仅要有策略，而且要观察分析对手的意图，采取有效的行动，要充分利用自己掌握的动作技术来实现克敌制胜的目的。因此，更需要强调学生（运动员）想练结合，不断提高对抗意识、应变能力和实战水平。

第二节 篮球训练理论基础

篮球运动训练是竞技能力的提高过程，即指在教练员的指导和运动员的参与下，为不断提高和保持运动员的技术水平而专门组织的教育过程。

一、篮球训练的原则

篮球训练原则反映了篮球运动训练过程的客观规律，是篮球运动训练工作必须遵循的基本准则。在篮球训练中除必须遵循运动训练的一般原则外，还应遵循结合篮球运动特点与规律所特有的专项训练原则。

（一）全队训练与个人训练相结合的原则

全队训练是根据篮球运动集体性的特点组织的集体训练，旨在提高队员技术能力的同时，提高队员间的技术配合及全队的竞技水平。因此，篮球训练十分注重全队训练，从思想作风到技术、战术的训练，都始终紧紧围绕着“队”这一整体的需要进行反复磨合，使之形成一个团结战斗的集体。篮球比赛中，场上不同位置的需要，全队战术的组织与实施都需依靠各个队员的个人技能去完成，运动员个人能力的强弱直接影响全队的竞技水平。因此，加强队员个体技能水平的提高是篮球训练的一大任务。个体训练是指根据运动员的个人特点、位置要求、技术水平与心理品质的不同，进行单兵练习，以形成运动员的特长技术。在训练中应将集体训练与个体训练两者合理安排，以达到最佳训练效果。

（二）训练与比赛相结合的原则

训练与比赛相结合是指在篮球运动训练过程中技术、战术训练要符合实战需要，通过比赛检验训练成果、发现问题，同时提高运动员在比赛中运用技术的能力，熟悉战术配合的打法。通过比赛使运动员获得比赛经验，提高竞技能力。

（三）合理安排运动负荷的原则

运动负荷是在运动训练过程中，采用各种练习方法和手段对运动员有机体所施加的刺激。所以运动训练活动都是通过这一过程而产生的训练效果。没有运动负荷就不成为训练。运动负荷是一个由多因素、多层次构成的系统，有其自身的规律与特点，任何运动项目的训练都必须掌握和遵循。因此，通过篮球训练，使运动员掌握和提高技术技能的同时，必须结合篮球运动的专项特点与专项运动规律，以及训练任务和训练对象的水平，逐步、合理地安排运动负荷，在不断改进和提高运动员技术技能的同时，不断发展运动员的运动机能，使之更好地逐步提高机体承受运动负荷的能力，提高运动训练水平。

二、篮球训练的基本特征

体育院校篮球专修课篮球训练的主要任务是使学生（队员）的技术、技能由会到熟练掌握，提高运用能力，发展技术水平。篮球运动训练的过程包括起始状态的诊断、目标的建立、训练计划制订、组织实施、检查与评定以及目标的实现等环节。不论什么样运动的训练组织形式和具体内容，总有其一定的规律，并按照一定的结构组织起来。在《论运动训练过程》一书中，对一个完整的训练过程包括的几个基本环节和这一过程的连续性和阶段性、机体负荷下的适应性与劣变性、组织的集体性与个体性、过程的多变性与可控性等固有属性，做了基本的论述。在此，结合篮球运动训练实践，主要探讨突出的两个特征。

（一）训练组织的集体性与个体性

篮球运动训练实践中，特别注重集体训练，从思想作风到技术战术的训练，都紧紧围绕着“队”的需要去反复训练并磨合，使之形成一个团结战斗的集体。始终把培养相互配合、协同行动、相互帮助、共同拼搏的集体主义精神，贯穿在整体训练之中。目的是使运动员真正认识到集体的力量和个人作用，从而形成巨大的凝聚力，对集体负有的责任感、使命感、荣誉感，为在比赛中充分发挥全队的整体功能而去积极准备。

尽管集体训练在篮球运动训练中占有重要的位置与比例，但每名运动员的差异性是客观存在的，比赛中不同位置和战术上的需要、特长技术的发展等，都需要认真实施个人训练与个别对待。集体训练与个人训练相辅相成、相互促进和相互制约的关系，对运动训练过程的效应有着积极的意义。

在不同训练时期和阶段中，都要合理安排集体训练与个人训练，把集体训练与个人训练有机地结合起来。个人训练能培养运动员的自觉性和独立思考与训练的能力。越是水平高的运动员，越要区别对待，加大个人训练的比重，提出更高的要求。现代篮球比赛中明星队员的作用，正是个人训练硕果的证明。

（二）训练过程的多变性与可控性

运动训练过程中的多变性是各个因素处于不停的运动变化之中，教练员与运动员之间的相互作用反映在竞技能力诸多方面的变化上。篮球运动攻、守对抗的特点，也促使训练中所组织练习方法和手段的变化来对运动员施加影响，从而产生不同程度的适应与提高，导致运动员竞技能力的变化和应变能力的提高。因此，运动训练过程的多变性是客观存在的。篮球运动训练过程总是处于不停的动态变化中，需要不断改进、完善整个运动训练过程的程序，以便更好地控制运动量。

随着科学技术的发展，人们越来越认识到科学训练理论对实践的积极指导作用。必须以科学的理论为依据，对运动训练过程中运动员的训练行为及其变化加以有效的调控。从训练目标的建立，计划的制订、修改、调整，训练过程中信息的传递、加工、反馈都要加以有效的控制，做到管而不死，活而不乱。系统论、信息论、控制论在篮球运动训练中的运用，就是可控性最好的证明。

篮球运动训练过程中的诸多特征，都是辩证对立统一的。相互依存，相互制约，必须深刻地去认识它，并付诸指导实践，才能有效地挖掘运动员的竞技潜能，提高运动员和全队的竞技水平。

三、篮球训练方法

运动训练是在教练员的指导下，根据科学的教育原则，有计划、有目的、系统地为提升运动竞技能力和最大限度地挖掘运动员的潜能，为争取优异成绩而准备的全过程。篮球运动训练是教练员与运动员合作的双边活动，教练员组织、指导、教育的主导作用和运动员积极参与的主体作用，相互依存、相互促进，并得到充分施展与发挥。篮球运动训练不仅是运动技能不断提高的过程，也是一个复杂细致的教育过程，只有遵循专项训练与思想教育相结合的原则，采用科学而合理的训练手段，才能使训练顺利进行，达到既定的目标。

（一）篮球训练的基本方法

1. 重复训练法

训练过程中，对某种动作在同一运动负荷和相同的间歇时间进行多次练习，以达到增加运动负荷和巩固技能的目的，称为重复训练法。例如，篮球运动训练中的连续投篮、传球等。重复次数的多少，对身体的作用不同，对巩固机能的作用也不同。重复次数须依据学生所能承受的运动负荷量和完成动作所需的练习量而定。重复训练法可以分为连续重复训练法和间歇重复训练法。

2. 变换训练法

变换训练法是在训练过程中有目的地变换练习负荷、动作组合，以及变换练习环境、条件等情况进行训练的方法。训练的环境条件、速度、动作组合形式等变化了，对机体的影响也必然随之变化。这种训练方法对学生中枢神经系统的协调性和机体调节的灵活性具有特殊的作用。

3. 循环训练法

循环训练法是综合了重复法、变换法等一系列练习方法的综合方法，它是把多项活动内容设计成若干个站，让队员一站一站地进行练习，通过连续完成多种不同项目的多次循环，按照学生自身的负荷指标，使负荷量逐步提高，以达到增强体质的目的。这种训练法对增强学生的肌力、提高身体素质和增强心肺机能等都有显著作用。

4. 比赛训练法

比赛训练法是以比赛为训练内容，通过比赛，提高队员的篮球技战术水平。比赛是调动队员积极性的有效手段，它可以激发队员的斗志，促进队员积极向上、克服困难的心态养成，获得优良成绩。篮球运动训练中比赛的种类多种多样，有教学比赛、检查比赛、测验性比赛等等。不论采用哪种比赛法，都要根据教学任务来决定，必须注意运动负荷的调节，严格按照既定的规则要求进行。

5. 心理训练法

心理训练法是运用心理学的手段，提高运动员的心理素质和运动成绩的训练方法。心理训练与传统的身体训练、技术训练、战术训练和人格完善相结合，构成了现代运动训练的完整体系。心理训练方法很多，但主要包括运动的表象训练法、想象训练法、语言暗示训练法、生物反馈训练法和放松训练法。

（二）训练方法手段的选择

1. 训练方法手段的选择要有目的性

为了达到预期的目的，从实际出发，选择性或创造性地运用训练方法非常重要。因此，训练方法与手段要有的放矢，要求解决什么问题，提高什么技术环节，目的性一定要明确。任何一种练习方法，一系列的训练手段，都是解决一定任务的方法和手段。这种方法要练什么，目的是什么，目的性一定要强。

2. 训练方法手段的选择要有针对性

篮球运动训练方法和手段的选择及运用，首先要根据本队的训练任务和内容确定。同时注意从实战出发，抓住技术动作和战术配合的关键环节，严格要求，扎扎实实地训练。每一个训练手段方法都有它本身的特点和要求，但在各训练方法手段之间都有其内在的联系。如一般身体训练和专项身体训练之间，各种基本技术之间，技术与技术之间等等。

3. 训练方法手段的选择要有实效性

通过练习，能使队员在比赛中发挥应有的技术和水平，而不是把队员练成“训练队员”。因此，练习方法手段的选择一定要注意实效性。如果仅仅为练习而进行练习，最终只能是徒劳，浪费时间。

4. 训练方法手段的选择要循序渐进

每一种训练手段方法的选择和使用都要考虑到它的循序渐进，既不能一下子提高好几个档次，也不能让队员永远徘徊在同一水平上。可根据队员的水平选择一些比队员实际水平稍高、难度较比赛情况大些并超出队员水平的练习方法。

5. 训练方法手段的选择要有趣味性

通过一些有趣的练习方法，甚至是利用一些手段，在练习中提高队员练习的积极性。实践证明，趣味性练习的一些方法手段比一些乏味练习的效果要好得多，尤其是在防守的脚步练习时，多采用趣味性练习的手段和方法，可以减少枯燥性，提高趣味性。如解决防守的低重心问题，单靠平时嘴上强调低重心多么重要，不如采用一个比较有趣味的训练方法进行练习的效果好。实际训练中常采用球不离手的“地滚球游戏”，来练习防守的低重心。

6. 训练方法手段的选择要有对抗性

在基本技术动作规格规范掌握的基础上要加强对抗性技术的练习，以增强队员运用技术时的对抗能力，而且在训练手段上要保证对抗性练习的质量，为正式参加比赛打好基础。

7. 训练方法手段的选择要有比赛性

从实战比赛中提高战斗力，是很重要的一种训练手段。从训练与比赛的关系来说，训练是为了比赛，练为战，训练的任务是创造条件，改变条件，增强实力，在比赛中表现出高水平。训练不能脱离比赛实际，为训练而训练，只练不打，终究脱离实战。通过比赛使学生或运动员取得实战经验，提高实战能力是十分重要的。在训练课中应有目的地安排 5 对 5 的分队比赛、教学比赛、公开比赛等。

第三节　新时期高校篮球教学的创新性研究

随着姚明、王治郅以及易建联等一批优秀篮球运动员在亚洲乃至国际赛场上的优异表现，篮球运动得到了大学生群体的广泛热爱，各高校组织的篮球活动与参与人数也在快速增加。同时，作为我国体育教学重要组成部分，我国高校篮球教学工作在篮球人才的培养方面也需要做出符合新时期要求的改进与优化。

一、相关学科对高校篮球教学影响

（一）人文社会科学对篮球运动的影响

目前，人文社会科学渗透到了体育学科的方方面面，并由此产生了多种体育人文学科，比如，体育哲学、伦理学、社会学、教育学、心理学以及管理学等。而这些学科的出现，使得体育学的领域更加宽广，并且使体育学的理论基础变得更加坚实，这对体育运动水平的发展与提高来讲，是起着非常大的作用的。

上述这些学科对高校篮球运动所产生的深远影响，具体体现在以下几个方面。

第一，人文社会科学为高校篮球运动的研究提供了全新的思维方法，那就是唯物辩证的方法，使篮球运动的科学化研究得到了保障。除此之外，人文社会科学还使篮球运动的理论基础变得更加充实，使其理论体系变得更加完善。

第二，人文社会科学为篮球运动的发展奠定了社会基础，与此同时，也为这项运动的进一步生活化、产生化以及社会化提供了理论参考。

第三，以科学化的方式管理篮球运动，对篮球运动系统与组织管理机构的效益和效率的提高都有好处，另外，还对篮球运动员自身的造血功能的提高有益处。

第四，从体育道德意识与行为方面，来对篮球运动的参与者、组织者进行规范，能够有效地提高他们的篮球素养。

（二）生物科学对篮球运动的影响

在生物科学与体育学科相互渗透之下，催生出了多个体育生物学科，比如，运动生物力学、运动医学、运动解剖学等。这些学科对篮球运动的发展具有积极的影响作用，并且促使体育运动向更高层次发展，主要体现在以下几个方面。

第一，探讨篮球运动对人体机能的影响与作用的机制和规律，并以不同的性别、训练水平、年龄的人在从事篮球运动时的身体发育，以及健康与机能水平的特点为依据，对高校篮球教学与锻炼进行科学的指导。

第二，通过研究不同篮球运动员的身体机能、运动素质以及身体形态，来对他们的运动潜力进行预测，并以此为运动员寻找最佳技术动作方案提供依据。与此同时，通过研究与分析高水平运动员的技能动作，将合适的运动技术模式建立起来，进而有效地提高他们的整体技术水平。

第三，探索篮球运动中物质能力代谢的规律与特点，以及篮球运动的消耗特点与运动性疲劳的机理，并通过药物、生物因素来让身体的恢复过程变短，利用辅助性因素使运动员的运动能力得到提升，以此来对运动员进行机能评定，制定运动方案。最终，为高校篮球运动员发挥最佳竞技水平、保持最佳竞技状态提供有力保障。

第四，监控高校篮球运动训练的过程，以此为篮球训练计划与方案的调整和制定提供科学依据，并且要建立先进的运动技术训练与教学模式，这样能够有效预防篮球运动中运动员各类伤病的发生，从而为运动员延长运动期限以及提高运动技术水平提供医学服务与指导。

二、高校篮球创新性理论研究

（一）高校篮球技战术的发展趋势

1. 高度和灵敏相结合

高度一直以来都是篮球运动中的一个重要方面。在高校篮球运动越来越重视身体素质的大趋势下，竞技篮球中绝大多数是高大人群，而在选拔球员时，身高与制空优势成了主要的标准。篮球世界强队追求的目标，在一段时间内都不会改变，依旧还是高空优势，但是，需要注意是对于现代篮球运动来讲，灵活性同样重要。

制空权竞争越来越激烈的今天，高大球员同样需要灵活，这样才能够使比赛的主动权掌握在自己的手中，并使获得比赛最终胜利的可能性增大。由此可知，当今世界，篮球运动员的发展趋势为：一方面，要有高度；另一方面，灵巧的身体也必不可少，两者都是必需的，都是非常重要的。

2. 快速和准确相结合

现在篮球比赛的限制越来越多，导致比赛节奏变得越来越快，篮球进攻速度也在逐步加快。现代篮球对有节奏的加快攻防转换速度非常重视，与此同时对于在高速度、高强度的激烈对抗当中，保持较高的投篮命中率也要给予充分重视。速度是为了争取主动权，争取时间来控制空间，准确的来说是为了得更高的分，而这些都是现代高校篮球比赛的一个趋势与特点。

3. 集体力量与明星作用相结合

高校篮球运动中，在强调集体力量的同时，对明星球员的培养也非常重视。一般情况下，高校明星球员的个人技术都很出色，领导能力也很强。因此，在很多高校篮球比赛中，时常能够看到他们带领球员打出极为精彩的集体篮球比赛。

4. 凶悍与智取相结合

由于在高校篮球运动中，学生运动员之间的身体对抗很激烈，因此，在训练过程中，教师通常会以实战训练的方式，来提升学生在面对对抗时如何冷静思考与准确判断的能力，从而让他们做到能够有勇有谋的比赛，并以此将自己的篮球运动水平更好地发挥出来，从而获得比赛的最终胜利。

5. 全面与特长相结合

高校篮球运动发展到今天，要求运动员要做到“技术全面、能攻能守”，最好能够做到全面和特长相结合。其中，技术全面，可以为运动员在对抗过程中灵活运用技战术奠定基础；某一项特长则能够让他们在实战中取得比赛主动权，最终，获得比赛胜利。

6. 常规与创新相结合

在篮球比赛中，想要让篮球运动不断地向前发展，想要超越前人的成就，就必须要持续地进行技术创新。另外，将常规与创新有机结合在一起，还能够出现许多不同流派和风格打法，由此能够看出，高校篮球发展的另外一个重要趋势，就是创新与常规的结合。

（二）合作学习模式的运用

1. 合作学习模式的理论依据

一般情况下，合理的教学模式都具备一定的内在结构，具体环节包括：理论依据、目标、评价与流程等，而这几个环节进行有规律的连接之后，就会形成教学模式的基本结构。在高校篮球教学过程中，一般都是以专家问卷为基础来完成合作学习模式的构建的。专家经由问卷的方式来分析与选择模式的目标、组织形式、教学方法与考评方法等，而且会对这些进行排序，形成了合作学习教学模式的基本结构。

在我国高校篮球运动教学模式当中，占据主导地位的依旧是传统教学模式，因而，导致我国高校篮球教学根本无法满足现代社会对篮球人才的需求。而合作学习模式的建立与发展则会为高校篮球教学提供有益的指导，并且这种方法是一种优化的教学模式，是值得各所高校学习与借鉴的。

高校篮球选项课中的合作学习教学模式，是以合作学习理念为依据进行设计的，主要由选择理论、教学思想、发展理论、动机理论与认知理论等构成的，这些对高校篮球教学来讲，所起的指导作用是很重要的。

2. 合作学习模式的流程

（1）制订计划。教师在制订教学计划的过程中，需要针对教学方法、内容、目标，以及和教学相关的问题，来进行讨论和协商，最终有一个统一的意见。

（2）异质分组。合作学习模式当中最基本，并且有效的教学形式，就是小组合作。在运用这种教学形式的时候，应严格遵守以下两项基本原则：①组间同质；②组内异质。

（3）素材准备。无论是哪一种教学模式，都必须认真地考虑教学素材的准备这一环节。高校体育教师应当围绕教学内容在课前设置一些基本问题，比如，战术传切配合的要求、防守队员怎样进行防守等，另外，也可以提供一些收集上述材料的途径与方法。学生应当根据教师先行设置的问题，做好上课的准备，对于合作学习小组的成员来讲，则可以通过图书馆、网络等方式来查阅资料，小组成员需要进行简单动作的练习与课前理论准备，这样做对弥补发展不足，以及解决问题都是很有利的。

（4）要点讲授。在完成教学的过程中，体育教师应当做到授课时间不要过长，但是，效率一定要高，除此之外，教授的课程不能过多，还需要留一些内容进行小组活动。

（5）指导合作。对于此种模式中的合租学习过程而言，其实就是师生共同发展、交往的一个互动过程。在教学过程中，教师应当组织、鼓励学生进行模仿学习、自学、自编、自练，倡导他们勇敢提出自己的疑问与问题，并与学生合作、探究，才能够使学生分析与解决问题的能力显著提升。

（6）适时调控。在教学过程中，体育教师应当认真地分析学生的理论学习，以及技术与战术的掌握情况，及时进行公正、客观的反馈与调控。实际上，有效的调控和反馈，能够激励学生更好地学习篮球理论与实践。学生在通过自己的努力与同伴的帮助之下，学会了某种技术动作之后，就能够产生非常大的满足感和成就感。

3. 合作学习模式的具体操作

（1）合理分组。如果要采用合作学习教学模式，开展合作教学的基本形式，那么合作学习小组的合理性就会直接关系到篮球课合作教学的效果。为了使分组更加具有科学性与合理性，在分组时应对以下几个方面多加注意：①分组要均衡；②分组人数结构要合理；③根据实际情况适时的互换或重组。

（2）师生合作。师生之间的关系，是高校篮球教学中最重要、最基本的人际关系。在篮球课堂之上，师生进行的交流与合作，除了能够形成比较良好、融洽的学习氛围之外，还能够让学生的身心健康获得良好发展，从而让学生的合作变得更加融洽。积极的交流能够将教师的教学热情最大限度地激发出来，能够使学生以轻松愉悦的心情学习篮球知识，进行篮球实践，另外，还能够增加教师和学生之间教与学的相互作用，将学生的主体性充分发挥出来，最终，使教学相长的目标实现。

具有更为直接的人际交往，就是高校体育课的重要特点之一。在篮球运动教学过程中，体育教师应当遵守尊重、信任、共时性的原则，并通过不断提升自身素质，以及努力创建和谐、民主的教学环境，来构建出一个合作型的师生关系。

4. 合作学习模式的评价

在进行教学评价时，一个重要的组成部分就是对高校篮球运动教学的评价，是客观地衡量教师教，以及学生学的质量的一个判断过程。评价合作学习小组在合作学习模式当中，实际上是一个相当复杂的过程，其除了很重视个体评价之外，还对合作小组的评价很重视。

学生个体评价具体指的是，评价学生规定考核的内容，评价方式则是师评。

合作小组评价具体是指评价平时的小组活动的学习效果，师评和互评相结合、个体评价与小组评价相结合的方式则是它的评价方式。

这两种评价能够将学生学习的积极性充分调动起来，进而能够使高校篮球教学的质量显著提升。

在评价合作学习模式的过程中，应多注意以下几方面。

（1）评价的整体性。在完成合作学习模式评价体系的构建的过程中，需要重点考察的一个方面就是整体性。在新教学观念的引导之下，现在的教学过程是一种探索性与引导性并存的教学过程，而不再是传统的知识传授。教学安排得恰当、合理，可以让学生探求知识的过程变得轻松、愉悦，与此同时，还能够感觉到人与人之间团结协作的重要性，从而提升自己的整体素质。所以在应用合作学习模式评价学生的时候，既要评价他们的技战术能力，也要评价他们与其他人合作的是否融洽等，这样才能够使评价的客观性、有效性、科学性，以及准确性体现出来。

（2）评价的全面性。在对高校篮球合作学习模式进行评价时，一定要注意评价的全面性。由于高校篮球运动教学过程是师生的双向活动过程，既包括了教师的教，也包括了学生的学，因此，要求评价方式具有多元性。评价方式应当采用自评、互评与师评相结合的方式，这样才能够让学生由被动转变为主动，由消极转变为积极，进而实现教学的目标。

（3）评价的激励性。评价的语言应当具备激励性，即为评价的激励性。由于大学生的心理正处于逐步成熟的阶段，而他们的自主意识则需要通过别人的评价间接的实现。所以在进行评价时，必须要将评价的激励性体现出来，只有这样，才能使学生经由评价对自己能够有一个全新的认识，能够对自身价值有准确的判断，从而建立属于自己的自信心与进取心。

（三）系统控制在高校篮球训练中的运用

1. 系统控制的含义

系统控制的具体含义为：在某一个事物系统当中，运用系统原理从微观以及全局入手，来整体把控全局，与此同时，也要协调系统当中不同部分和要素之间关系，使系统能够与要素协调发展，进而实现“整体比要素之和大”的目标。教师应当以高校篮球运动的特点，以及系统原理为依据，在篮球运动项目中运用系统控制。在应用过程中需要做到以下两点。

第一，将高校篮球训练的系统确定下来。

第二，以实际训练情况为依据，逐步将需要训练的内容纳入系统控制当中，并在其作用下，让学生全面提高自己的技战术水平，并且也要不断提高球队的整体协同作用，保持一个不断向前发展的态势。

2. 高校篮球训练系统控制的构成

如图 6–1 所示，是高校篮球运动队的训练系统。

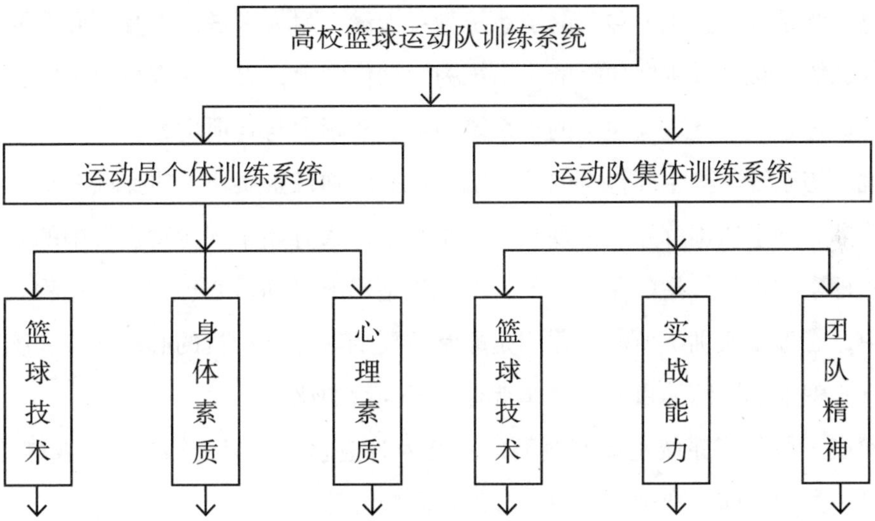

图 6–1 高校篮球运动队的训练系统

（1）篮球技术训练系统。如图 6–2 所示，为高校篮球技术的训练系统。

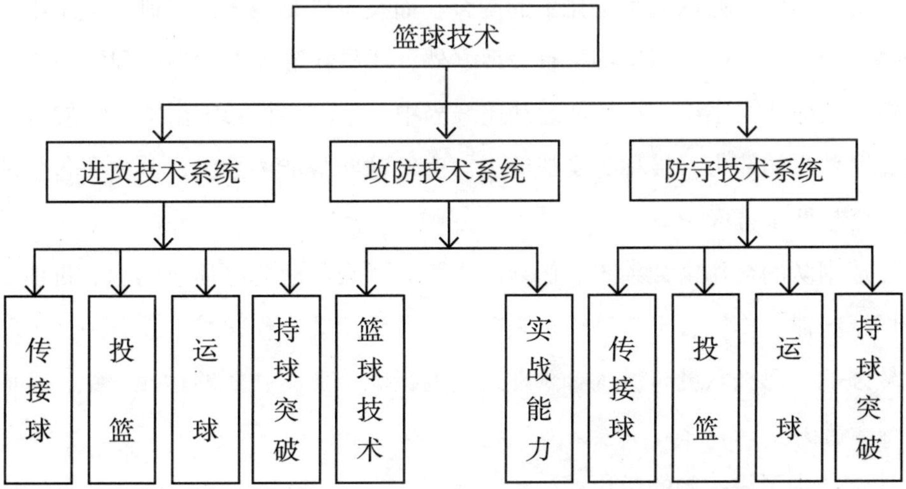

图 6–2 高校篮球技术的训练系统

其主要内容包括：争夺球动作，具体为断球、打球、抢球、抢篮板球等；移动动作，具体为跳、跑、转身以及急停等；控制支配球动作，具体为运球、接球、传球以及投篮等。另外，还有由这些动作所组成的动作体系。在高校篮球比赛中，运动员的篮球技术，既是核心，也是他们竞技水平最显著的标志。

（2）篮球身体素质训练系统。作为篮球技战术训练当中一些训练的基础，身体素质训练实际上指的是，一个有目的、有组织的系统发展过程，其中，它的目的是能够让学生的体能、体格以及基本活动能力得到有效地改善与提升。身体素质训练系统的组成部分包括：耐力、速度、弹跳、力量、柔韧等子系统。

①力量训练系统。其主要包括的子系统为：力量、耐力力量，以及最大力量。

②速度训练系统。其主要包括的子系统为：动作频率，以及反应与动作速度。

③耐力训练系统。其主要包括的子系统为：一般耐力与专项耐力。

④弹跳训练系统。其主要包括的子系统为：一般弹跳素质、专项弹跳素质。

（3）篮球心理素质训练系统。现在，越来越多的人开始重视运动训练中的心理素质训练。所谓心理素质训练，指的是有目的、有意识地影响运动员心理特征的过程。在篮球系统控制当中，心理素质训练所起的作用是非常重要的。让运动员的心理适应训练的全新变化，是进行心理素质训练的目的，这非常有利于今后的比赛。

心理素质训练的子系统主要有两类，一类为时空感、专门化知觉，以及球感、情绪、意志等，另一类为赛前、赛中、赛后的心理素质训练等。

（4）篮球战术训练系统。篮球战术指的是，队员个人技术的合理运用与队员之间相互配合的有效组织形式。更好地发挥出球员的个人技术和特长，获得比赛的主动权，为达到篮球技术训练的目的。篮球战术是技术的配合，而技术则是战术的基础。战术组织的正确性除了与每一个运动员的作用与特长有关系之外，还是在赛场上争夺胜利的关键。

（5）篮球实战能力系统。在篮球运动比赛当中，运动员在合理运用个人技术的前提下，收获良好比赛效果的能力，被称为实战能力。为篮球实战能力系统，其主要包括战术意识与战术指导思想两个方面。

（6）篮球团队的合作精神系统。篮球队中所有成员的意志品质、信念、价值观、理想的整合，以及纪律、作风、士气等综合表现，被称为团队合作精神。倘若一个团队的合作意识是比较强的，那么队员与教练、队友之间的行动与意图就能够达成一致，从而使球队的战斗力显著提升。

3. 篮球训练中系统控制的运用

（1）树立系统控制理念。因为篮球运动的训练内容很多，所以在比较短的时间内，如何将学生的技战术水平提高与运动能力提升，并让球队获得较强的实战能力，以及保持比较旺盛的生命力，均为体育教师应树立的系统控制的新理念。另外，教师应当以宏观的角度来把握整体局势以及看待问题。

（2）确定篮球运动训练系统。通过系统控制法来完成篮球训练时，体育教师应当以学生的身体素质、年龄与运动能力等为依据，还要和运动的特点相结合之后，再将具体的高校篮球运动训练内容确定下来。在训练过程中，一定要对系统控制训练的各个子系统进行合理的编排，另外，也需要遵守训练过程的一般规律，而且要以大系统的指标来检验和评价训练。

（3）训练中合理落实系统控制的理论。

①将长期系统训练与赛前训练的关系处理妥当。促进运动员的全面发展以及球队的可持续发展，是运用系统控制理论进行篮球训练的目的，因此，应当从整体的角度来完成全面，并且系统的训练，除此之外，还要做到阶段性和赛前训练、长期与赛前训练相结合。

②处理好队员与球队发展之间的关系。队员和球队的关系等同于局部和整体的关系，由于不同球员存在着个体差异，因此，任何一个运动的训练计划都应当有针对性，与此同时，还需要兼顾全队的训练，以及球队的整体发展要求。

③将各系统之间的协同关系处理妥当。在训练过程中，各系统和要素之间是互为促进与补充的关系，所以在训练的时候应兼顾子系统之间的协同发展。

④将篮球训练与比赛的关系处理妥当。使运动员锻炼出比较高的篮球运动水平，使球队获得好的比赛成绩，就是训练的目的，而高校篮球比赛则是学生展现自身综合技、战术能力的平台，因此，篮球比赛是非常重要的。在这种情况下，训练必须要与比赛相结合，但是，由于训练不能与比赛画等号，所以高校篮球运动应当在提高学生身体素质的基础上，给予学生心理、生理素质的培养充分的重视。

（四）高校篮球技战术的创新思维与突破

1. 高校篮球运动技战术创新的哲学理念

高校篮球运动的理论基础为辩证唯物主义的哲学理论，而攻守对抗的对立统一为篮球运动在矛盾中发展的最基本特征。其将篮球运动的内外矛盾之间相互联系的根本内容与发展源泉揭示了出来，而构成篮球运动中攻守对抗的重要组成部分，就是篮球技、战术。

以辩证唯物主义的观点进行思考，并抓住高校篮球运动本身的矛盾，将运动技、战术之间相对统一的创新关系处理好。这对树立正确的高校篮球观念与指导思想，以及深化对高校篮球运动的认识都是有利的，而且能够增强对高校篮球运动规律的深层认识，与此同时，还能够推动高校篮球技、战术向新的层次不断地创新发展。

2. 篮球运动技战术之间的辩证关系

在高校篮球比赛中，运动员进行攻防专门性动作的方法，就是篮球技术，与此同时，其也是一种在对抗情况之下，合理运用专门动作的能力。而在高校篮球比赛中，运动员之间有意识、有组织、有策略地综合运用各种技术，来完成攻守对抗的布阵行动，被称作篮球战术。

篮球技术，一方面，是战术的基础，另一方面，是实施战术的手段。只有运动员之间有目的、有意识地在赛场一定区域、时机内合理地运用技术，才能够构成积极有效的战术。运动员只有全面地掌握技术，才能够使战术的实施得到保障。与此同时，战术还是技术的组织形式，并为技术的发挥创造了条件。战术同样需要相应的熟练与准确的技术，亦或是技术的创新才能够完成。两者之间是内容和形式的辩证关系，并且是紧密相连的。

3. 攻防技战术各因素自我突破和完善

即便是实施成功了的攻防战术，也会有一定的弱点，截止到现在，都没有出现一种无懈可击、永恒有效的战术。即便是战术这一次的应用成功了，但并不保证下一次就一定能战胜对手，也就是说，即便是战术应用失败了，也不能够直接判定它是一个不合理的战术。在高校篮球运动中，攻防技战术争斗变得越来越激烈，而成败只是相对来讲的。因此，在制定战术时，需要合理地借鉴其失败背后合理因素，以及成功背后的否定因素，只有这样，才能够对篮球攻防战术的发展与创新起到更好的促进作用。

通常情况下，新的技、战术都是在一次又一次否定陈旧技、战术的基础上诞生的，可以说，每一个的创新与改革都不是非常顺利的，但这只是暂时的挫折。因为新事物的诞生不一定是一直向前的，也可能是在曲折中前进与完善的。

综上所述，高校篮球运动是在高技巧、高速度、高空间的激烈对抗中不断发展的，篮球运动技、战术的不断创新则促使其迅速向前发展。技、战术的创新对高校篮球运动不断突破一个又一个的难题，登上一个又一个的高峰都起到了非常重要的推动作用。对于今后高校篮球运动的发展来讲，建立一个技、战术的创新理论体系，以及合理、科学的指导技、战术的创新实践，具有非常重要的意义。

（五）高校篮球技战术创新的规律与原则

1. 篮球技战术创新的概念

在发展高校篮球运动的过程中，需要不断经历修订、改革、创造、创新与完善，只有这样，才能够不断向前发展。对于高校篮球技战术的创新来讲，既包括在原有基础上重新组合超越过去的再创，也包括完全新颖的首创。现代高校篮球技战术的创新很多属于再创，因此，可认为技战术的创新指的是，教练员（或者运动员）在原来的技战术的理论与实践的基础上，对原来技战术的机理、功能、方法、结构以及应用时机的改变，与此同时，还会与一定的比赛实践结果相结合的一种创造性活动。

2. 篮球技战术创新的规律

（1）螺旋上升规律。在高校篮球运动当中，攻防矛盾是产生篮球新技术的一个重要原因。球队想要获得胜利的欲望通过比赛表现出来，并且会为了胜利而要求技战术的创新，从而提高竞赛水平，而水平的提高又会使比赛变得更加激烈，进而对技、战术产生新的创新要求，如此反复进行下去。也正是这种持续不断、循环往复的创新要求，使得篮球技战术的创新处于一种无止境的螺旋上升状态。

（2）交互作用规律。

①技战术创新的相互影响。篮球战术决定了技术的综合运用，而技术则是战术发展的基础，这种关系决定了两者之间是相互影响的。由于技术是基础，因此，创新需要先从技术开始，在技术得到创新之后，战术就会有创新的条件。反过来看，如果战术想要有一定的创新，必然会对技术有新的要求。由此能够看出，技术的创新与战术的创新之间的关系是相互促进与相互制约的。

②篮球规则同样影响着篮球技术创新。篮球技术创新还会受篮球规则的影响，比如，5 秒、8 秒、24 秒的篮球规则，对篮球快速进攻技术的发展具有推动作用，同时也会有限制作用，在这种情况下，会促进篮球技术创新向多元化和高水平的方向发展。

（3）新陈代谢规律。在整个篮球运动的发展过程中，体现了新陈代谢的规律，一项新技术的出现，必然在很大程度上会取代原来的技术，从而占据领先地位，篮球技战术同样如此。但是，需要注意的是，一个技术在处于高峰时，也正处于淘汰的边缘，而新技术则会在这个时候被孕育，这就是所谓的高校篮球技术的代谢规律。篮球技术发展的一个客观规律，就是新旧更替，其中包括四个时期，即萌芽、发展、完善与消亡。人们只有抓住了恰当的时机来完成创新，才能够让篮球技术得以不断向前发展。

（4）矛盾相克规律。一直以来，高校篮球运动中都有相互矛盾、对立的关系存在，具体表现为：攻防、制约以及反制约之间的相互依存、促进、对立与克制，也正是由于这种矛盾相克的规律，高校篮球技、战术的创新活动才能够充满活力。

3. 篮球技战术创新的原则

（1）超前性原则。对于高校篮球技、战术的创新来讲，必须要遵循的一个原则就是超前性原则，现在的超前性主要是要将超前的思维、实践、设计与运用等几个方面体现出来。而先发制人则是对高校篮球运动技、战术进行超前性创新的最主要目的。倘若我国高校篮球发展想要处于领先地位，就必须要做到着眼于自己领先技术的发展。

（2）针对性原则。

①针对比赛选手的特点。针对比赛选手进行的技、战术创新，主要指的是针对不同的对手在关键人物、高超技术，以及风格打法、发展方向方面的特点来完成构思的。

②针对技战术应用者的特点。针对技、战术应用者的技、战术创新，主要指的是针对运动员技术特长、战术意识、机能形态、智力水平、身体素质等特点，所进行的创新。

③针对技战术发展趋势的特点。针对技、战术发展趋势的技、战术创新，主要指的是，针对技、战术发展的动态以及篮球规则，所进行的创新。

总之，如果想要创新出具有实效性的篮球技战术方法，就必须要严格遵守针对性原则。

（3）可行性原则。高校篮球运动技、战术创新必须要遵循的另一个基本原则，就是可行性原则。只有在与球员自身条件，以及比赛实践要求、篮球运动规则相符的情况下，才能够使技、战术的创新具有实际的可行性。那么怎样才能增强技、战术创新的可行性呢？最需要做到的一点就是对自身的实际情况进行认真的分析。只有对自身的实际能力与特点有了深刻的认知，才能够创新出与自身条件相符的篮球技战术。

综上所述，篮球技、战术创新是一个多因素，并且复杂的创造过程，因此，在创新的过程中必须要遵循创新的各种基本原则。

第七章　高校篮球技术及战术教学实践

篮球技术是篮球比赛的基本手段，它不仅是篮球运动员竞技水平的体现，而且是衡量一个球队水平的主要标志，是决定比赛胜利的重要因素之一。在篮球运动发展过程中，技术的发展是最活跃、最积极和最有推动力的根本因素之一。并且篮球运动的每一次变革、每一次飞跃都与技术的发展密切相关。篮球技术经历了由低级到高级、由简单到复杂、由低强度对抗到高强度对抗的演变历程，是推动篮球运动发展的原动力。在篮球比赛中，任何战术意图和战术方法的实现，都取决于队员能够熟练而准确地掌握相应数量的篮球技术，并能创造性地运用，而技术的创新又必然促进战术的发展，从而推动篮球运动不断发展。只有经过千锤百炼的各种技术动作，才能在比赛中表现出运动员的技术。根据篮球运动攻守的特点，我们将篮球技术分进攻和防守两大类技术。进攻技术有移动、投篮、传接球、运球、持球突破和抢篮板球；防守技术有移动、防守无球队员、防守持球队员、抢防守篮板球，如图 7–1 所示。

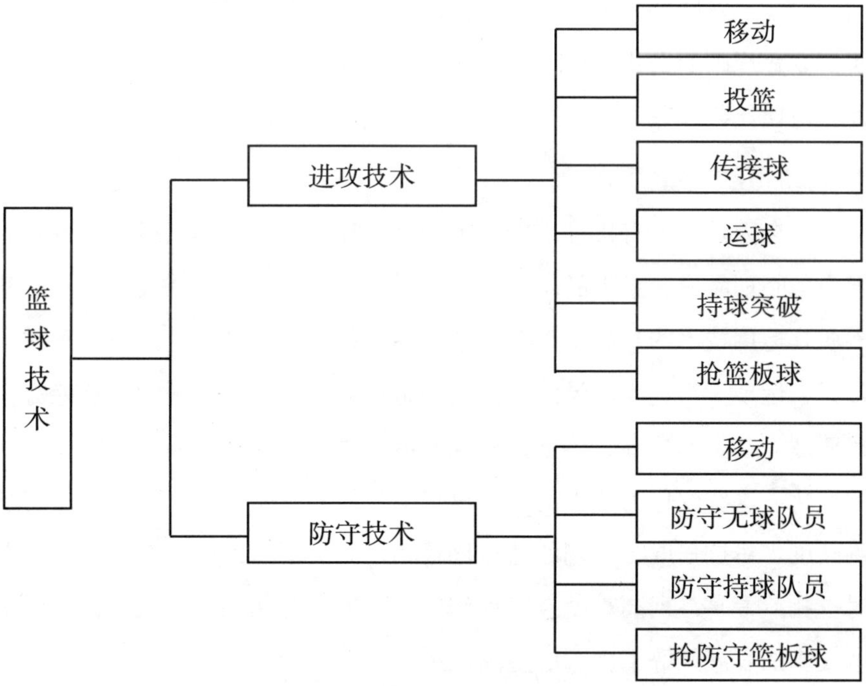

图 7–1　篮球技术分类

第一节　篮球技术概述

一、篮球技术定义

在长期的篮球技术教学、训练、比赛实践过程中，人们对篮球运动中技术概念的理解经历了由深入浅，由感性到理性，由片面到全面的认识过程。现在被大家所普遍认同的是篮球技术是运动员为完成进攻与防守所采用的动作方法的总称，是篮球运动员竞技能力水平的重要决定因素。其包括移动、接球、传球、运球、投篮、抢球、打球、断球、抢篮板球等动作方法，以及由多个动作组合所形成的动作体系。篮球运动的各种技术动作，都有着符合人体运动力学基本原理的标准技术及规范的技术要求，合理、正确的篮球技术还要符合篮球竞赛规则的要求。但对每个运动个体来说，要依据运动员个人的生理学特点，选择和掌握具有个人特征的运动技术。

二、影响篮球技术提高的主要因素

篮球运动中技术发展是一个实践的过程，其受到多方面因素的影响和制约，比如运动员综合素质，竞赛规则的变化，攻守对抗的激烈程度，比赛与交流，市场经济效应以及理论水平的发展与现代科技等。

（一）运动员综合素质因素

运动员的综合因素发展直接推动着技术的变化和提高。比如，运动员身高的增长，身体素质、智力与心理品质、意志品质等综合素质的提高，都是篮球技术提高的基础。而良好的身体素质是运用技术的基础，身高是掌握高空技巧的有利条件。身体素质与身高的结合，尤其是高大运动员与速度和灵活性的统一是现代篮球运动发展的必然趋势。历史资料显示，现代篮球运动员的身高、体重指标和速度、力量等各项素质与 20 世纪 50 年代相比有了巨大的变化，这些变化为技术的发展奠定了扎实的物质基础，从而使比赛场上的攻守速度、弹跳高度、对抗强度与初期的篮球比赛相比产生了巨大的飞跃，高空接力扣篮、快攻扣篮、对抗扣篮等一系列高难度技术动作应运而生。与此同时，人的主观因素的发展同样也为篮球技术的发展开辟了广阔的空间，运动员的知识水平、战术能力、心理品质等方面在几十年技术的发展演变过程中都获得了巨大的发展，人们对篮球运动规律认识的进一步深入都集中地反映到了篮球比赛中。

（二）竞赛规则的不断完善

篮球竞赛规则不断修改、完善，对篮球技术的发展起着促进作用。1936 年国际篮联正式统一了篮球竞赛规则之后，每 4 年要修改并完善一次，主要目的是限制不合理技术的发展。比如:限定空间、提高技术难度;限定时间、减少停顿次数、提高比赛速度和观赏性，篮球比赛 3 秒、5 秒、8 秒、24 秒等时间规定出现与变化，减少了队员的停顿次数，提高了比赛的速度，带动了攻守技术向快速方向发展，提高了观赏性，使比赛更加精彩；现代篮球比赛场中设置的 24 秒计时器、比赛时钟的毫秒精度和电子录像的配合使用，可以使比赛最后的结果分秒不差；对犯规次数的限定也提高了防守技术水平。

（三）攻守对抗的激烈程度

篮球比赛是进攻与防守的激烈对抗，攻、守对立统一规律决定两者的互相依存、互相制约和互相促进。为了更好地使篮球比赛对抗激烈、高潮迭起、快速多变，吸引更多观众观看和更多的身体接触与对抗，促使攻、守技术向更富有攻击性色彩的方向发展，提高人们的竞争意识和表现意识，人们在教学、训练、比赛实践中，更加注重组合技术动作的训练与强化，从而提升在对抗条件下完成动作的能力。20 世纪 70 年代以后，进攻和防守战术经过训练都达到了一个新水平，移动进攻要求个人进攻技术向全面、快速、对抗和高空作业技巧化方向发展;综合多变防守战术的广泛运用，促进个人防守更具攻击性和破坏性，防守水平有了很大提高，各项篮球技术都得到了发展与提高。

（四）训练方法手段的变革

训练方法手段的改进与提高，增加运动员掌握技术动作的数量、增强技术动作间的衔接和熟练程度，使原有的技术动作产生变异和变化。篮球运动是一项集体的比赛项目，它所经历的教学、训练和比赛是在教师和教练员的指导下，在科研人员的指导下科学地进行的。比如现代科技在篮球运动中的运用，专业人员运用人体生理学理论与方法，运用计算机等先进设备对篮球技术进行分析、评价研究，对篮球技术的发展和提高也起到巨大的推动作用，同时伴随世界经济的发展，体育运动文化的广泛，不同篮球技术风格、特点、打法的出现，使教练员、运动员拓宽了眼界，增进了了解。他们相互学习，相互借鉴，从而使人们在训练方法和指导思想方面获得了质的飞跃。教师、教练员、科研人员以新的思想方法、理论为指导，从教学到训练，从改进到完善，从研究到创新，不断地提高训练的质量和效率，从而使篮球技术的发展不断取得新的推动力。

第二节　篮球进攻技术教学

一、移动

移动是篮球技术中攻防技术运用的基础。移动技术是队员在比赛中为改变速度、方向和高度所采用的各种脚步动作方法的总称，在篮球比赛中，各种攻防技术动作的完成与运用，都需要脚步动作的配合。所以，要求篮球运动员在比赛中，积极快速地移动，合理运用各种脚步动作，充分占据有限的地面与空间，争取攻防的主动。因此，在篮球技术教学与训练中，特别要重视移动技术的教学。

（一）移动技术的分类

移动技术作为完成各项技术动作的基础，在篮球比赛中被广泛运用。移动技术的分类如图 7–2 所示。

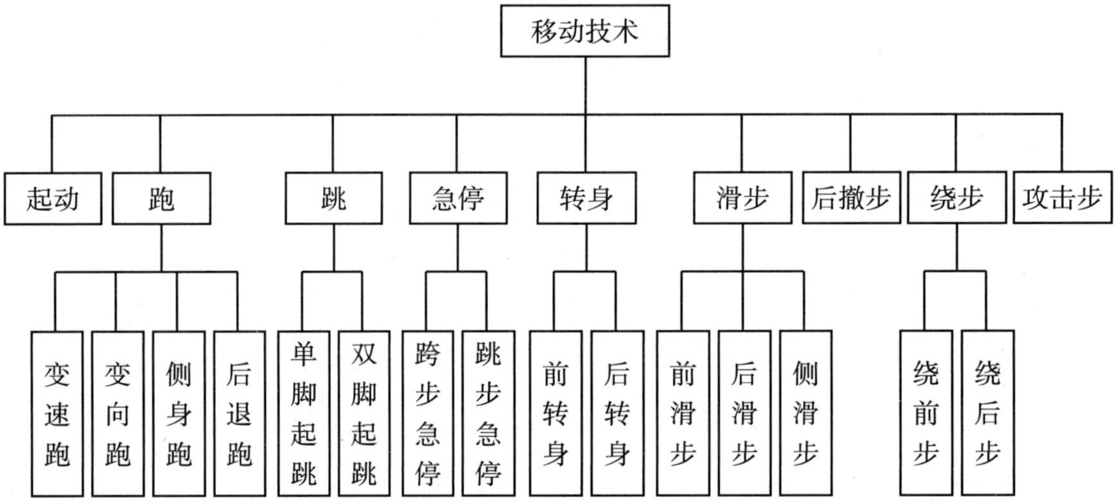

图 7–2　移动技术分类

（二）移动技术教学步骤

（1）移动技术教学顺序是：基本站立姿势、起动、跑、跳、急停、转身、滑步，其主要是遵循先易后难、先攻后守的顺序。

（2）移动技术的教学与练习步骤，应先在原地练习，让学生体会动作方法和难点，然后在慢跑中学习并掌握正确的动作方法，在掌握各种移动技术之后，要进行一对一的攻守对抗练习，培养、提高学生运用移动技术的意识和能力。

（三）移动技术动作方法

1. 起动

起动是队员在球场上由静止状态变为运动状态的一种动作，是获得位移初速度的方法。突然、快速的起动既是进攻队员摆脱防守的有效方法，也是防守队员抢占有利位置，防住对手有效的方法之一。

动作方法：从基本站立姿势开始，向前起动时，上体前倾，重心迅速前移，后脚前脚掌用力蹬地，结合手臂协调摆动，向前迈出第一步，起动后的前二、三步步幅要小而快。向侧方起动跑时，异侧脚前脚掌内侧蹬地，同时上体迅速前倾或侧转向跑的方向移动重心，手臂协调地摆动，充分利用蹬地的反作用力，迅速向跑的方向跑进。

动作要领：身体重心迅速前移，猛蹬地，步幅小而快。

2. 跑

跑是为了完成攻守任务而争取时间的脚上动作，具有快速、突然、多变之特点。比赛中常用的跑有以下几种形式：

（1）变速跑

变速跑是一种典型的利用节奏变化快速突破防守的移动步法，是队员跑动中利用速度的快速变换争取主动的一种方法。

动作方法：加速跑时，两脚要突然短促而有力地连续蹬地，同时上体稍向前倾，加快跑的频率；减速跑时，前脚掌用力抵地来减缓前冲力，同时上体直起，保证身体重心后移。

动作要领：掌握快慢节奏，速度变化明显。

（2）后退跑

后退跑是队员在球场上背对前进方向的一种跑动方法。是队员在由攻转守时，为了观察场上情况而采用的一种跑步方法。

动作方法：后退跑时，脚跟提起，两脚提踵，用前脚掌交替蹬地提膝向后跑动，此时上体放松直起，两臂屈肘相应摆动，保持身体平衡，两眼平视场上情况。

动作要领：脚跟提起，上体放松，前脚掌用力蹬地。

（3）变向跑

变向跑是队员在跑动中利用突然改变方向完成攻守任务的一种方法。变向跑常与变向后的快速跑结合运用，借以甩开防守，达到接球、抢位的进攻目的。

动作方法：在跑动中，向左变向时，右脚前脚掌落地（脚尖稍向左转），并且用前脚掌内侧用力蹬地，屈膝，腰部随之左转，上体向左前倾，快速移动重心，左脚向左前方跨出，然后加速前进。而向右变向时，动作则相反。

动作要领：前脚掌内侧用力蹬地，重心转移要快，右脚上步快。

（4）侧身跑

侧身跑是上体侧向跑动方向，脚尖对着跑进方向的一种跑动方法。队员向前跑动中为了观察球场上的情况，摆脱防守接侧向传来的球经常采用的一种跑动方法。

动作方法：在向前快速跑动时，头和上体向球或目标侧转，两脚尖要朝着移动方向，既要保持奔跑速度，又要完成攻守的动作。比如做切入时，面向球侧肩转体，用肩压住防守队员接球或护球，加速超越防守。

动作要领：上体前倾自然侧转，脚尖朝前，身体重心内倾。

3. 跳

所谓跳是在球场上争取高度及远度的一种动作方法。跳的方式一般有两种，分别是双脚起跳和单脚起跳。

（1）双脚起跳

动作方法：起跳时，两膝弯曲降低重心，上体前倾，然后两脚用力蹬地，伸膝、提腰，两臂迅速向前上摆，使身体向上腾起。上体在空中要自然伸展，收腰，下肢放松。落地时，用前脚掌先着地，并屈膝缓冲身体下落的重力，保持身体平衡，以便衔接下一个动作。双脚起跳一般多在原地运用，也可以在上步、并步、跳步和助跑情况下运用。

（2）单脚起跳

动作方法：起跳时，起跳腿微屈前送，脚跟先着地，并迅速屈膝过渡到前脚掌用力蹬地，同时提腰摆臂。另一腿快速屈膝上提，当身体达到最高点时，摆动腿自然伸直与起跳腿合并。落地时，双脚要稍微分开，注意屈膝缓冲，以便衔接其他动作。单脚起跳一般运用在助跑情况下。

4. 急停

急停是队员在跑动中突然制动速度的一种动作方法，它也是各种脚步动作衔接和变化的过渡动作。急停的动作主要有两种，分别是跨步急停和跳步急停。

（1）跨步急停（两步急停）

动作方法：在快速跑动中，跨步急停时，第一步跨出要稍大，用脚外侧着地屈膝，同时上体稍向后仰，重心后移。然后，跨出第二步，脚着地时脚尖稍向内转，用前脚掌内侧蹬地，两膝弯曲，身体稍有侧转，微向前倾，重心移至两脚之间，两臂屈肘并自然张开，帮助控制身体平衡。

（2）跳步急停（一步急停）

动作方法：队员在中慢跑时，用单脚或双脚起跳（一般离地面不高），上体稍微后倾，两脚同时落地，约与肩同宽，前脚掌用力抵地，屈膝降重心，重心落在两腿之间，两臂屈肘微张，以保持身体平衡。

5. 转身

动作方法：转身是队员以一只脚蹬地向前或向后跨步的同时，另一只脚做中枢脚进行旋转而改变身体方向的一种动作方法。转身时，重心移向中枢脚，另一只脚的前脚掌蹬地，同时中枢脚以前脚掌专轴用力碾地，上体随着移动脚转动，以肩带腰向前或向后改变身体方向，转身后，重心要转移到两脚之间。

转身可以分为前转身和后转身。前转身是移动脚蹬地在中枢脚前方（身前）进行弧形移动；后转身是移动脚蹬地在中枢脚后方（身后）进行弧形移动。

6. 滑步

滑步是防守队员移动的主要动作方法。它易于保持身体平衡，可向任何方向移动。滑步可向侧、向前、向后进行滑动和做后撤步来阻截对方的移动。滑步可分为侧滑步、前滑步和后滑步三种。

（1）侧滑步

动作方法：从基本站立姿势开始，两脚平行站立，两膝较深弯曲，上体微向前倾，两臂侧伸身体不要上下起伏，重心保持在两脚之间，眼要注视并紧盯对手。向左滑步时，右脚前脚掌内侧蹬地的同时，左脚向左侧跨出，左脚落地，右脚向左脚靠拢半步落地，腰胯用力，保持低重心的水平移动。向右滑步时，动作方法相同，移动方向相反。

（2）前滑步

动作方法：两脚前后站立，后脚的前脚掌内侧蹬地，前脚向前跨出一小步的同时，后脚前脚掌内侧用力蹬地向前滑动，并保持身体前后开立姿势。前脚同侧臂前上举，另一臂侧下张开。

（3）后滑步

后滑步的动作与前滑步相同，只是移动方向是相反的。

二、传接球

传接球是篮球运动中的重要技术之一，也是篮球比赛中运用最多的一项基本技术。传接球是指在篮球比赛中进攻队员之间有目的地支配球、转移球的方法。它是进攻队员在场上相互联系和组织进攻的纽带，也是实现战术配合的具体手段。因此传接球技术的好坏，直接影响战术质量的高低和比赛的胜负。

（一）传接球技术分类

传接球技术可分为传球技术和接球技术，但无论是传球技术还是接球技术，都有单双手之分。

（二）传接球教学步骤

传接球技术的教学，首先通过讲解与示范的方法使学生初步掌握原地传接球的动作方法，逐步过渡到行进间传接球的教学；然后在掌握动作规范的基础上进行移动传接球的教学，再进行与其他技术相结合教学，最后进行有防守情况下的练习，从而达到提升在实战中的运用能力之目的。

（三）传球技术动作方法

1. 传球技术的动作方法

（1）双手胸前传球

双手胸前传球是篮球比赛中一种最基本、最常用的传球方法，运用这种方法传出的球迅速有力、到位率高、方向准确，可在不同方向、不同距离中运用，而且便于和投篮、突破等动作结合运用。

动作方法：两手手指自然分开，拇指相对成“八”字形，持球的两侧用指根以上部位持球，掌心空出，两肘自然弯曲于体侧，并将球置于胸腹之间的部位，身体呈基本站立姿势。传球时，发力于脚趾，后脚前脚掌蹬地，身体重心前移的同时前臂迅速向传球方向伸出，拇指用力拨球，手腕前屈，食指和中指用力拨球将球传出。球出手后身体迅速调整呈基本站立姿势。传球距离近，前臂前伸的幅度就相对较小。远距离的传球，则需加大蹬地、伸臂和腰腹的协调用力。传球距离越远，蹬地、伸臂的动作速度越快。

（2）单手肩上传球

单手肩上传球是单手传球中一种最基本的方法。这种传球力量大，出球方向多，速度快，常用于中、远距离传球，在发动长传快攻时运用较多。

动作方法：右手传球时，左脚向传球方向迈出半步，右手托球，同时将球引到右肩上方，肘部外展，上臂与地面近似平行，手腕后仰。左肩对着传球方向，重心落在右脚上，右脚蹬地，向左扭腰转肩，带动右前臂迅速向前挥摆，并扣腕拨球，通过食指、中指用力拨球将球传出，要有明显的屈腕鞭打动作。球出手后，右脚随着身体重心前移，保持基本站立姿势。

（3）单手体侧传球

单手体侧传球是一种近距离隐蔽传球的方法，主要用于近距离的外线队员向内线队员传球。与跨步、突破等假动作结合运用效果较好。

动作方法：两脚开立，双手持球于胸前。右手传球时，左脚向左侧前方跨步的同时将球引至身体右侧呈右手单手持球，出球前的一刹那，持球手的拇指在上，手心向前，手腕后屈。臂向前做弧线搓动，手腕前屈，用食指、中指的力量将球拔出，出球部位在体侧。

2. 接球技术的动作方法

接球是篮球运动中的重要技术之一，是获得球的动作，也是抢篮板球和抢断得球的基础。其目的是获得球和控制球。在激烈对抗的比赛中，同时也是衔接运球、投篮、传球等技术的关键，主要接球技术分为双手接球和单手接球两种。

（1）双手接球

双手接球是一种最基本的接球方法，也是在篮球比赛中运用最多的动作方法之一。接球时，两眼注视来球，两臂伸出迎球，手指自然分开，两拇指相对呈“八”字形，掌心斜向前呈半圆形，以掌外侧小拇指一侧斜对球，两臂伸出主动迎球，两眼注视来球，当手指触球时，两臂随球后引缓冲来球的力量，两手握球于胸腹之间。保持身体平衡，做好传球、投篮或突破的准备。

（2）单手接球

单手接球控制范围大，能接不同方向的来球，特别是接高空球和距身体较远的来球有较大优势。但是单手接球不如双手接球稳妥，因此，在一般情况下应尽量用双手接球。

如用右手接球，右脚向来球方向迈出，两眼注视来球。五指自然分开，掌腕微屈成勺形，接球臂向来球方向伸出。当球触手指时，手臂顺势随球下引并向内收，另一手迅速跟上护球，双手将球拉至胸腹之间，保持持球姿势。

三、运球

运球是指运动员用手连续拍按从地面反弹起来的球的动作过程。运球在一定程度上反映着运动员控制球和支配球的能力。娴熟的运球不仅是个人摆脱、突破防守的进攻手段，也是组织全队战术配合的桥梁，并且对于发动快攻、突破紧逼防守都起着极大作用。

不过，运球的最终目的是争取时间和创造战机，因此，在训练和教学的过程中，教师在教给学生运球技术的同时，还应教给学生适时又恰当地选择运球时机。

（一）运球技术分类

运球技术动作方法很多，主要分为原地运球和行进间运球两大类。

（二）运球技术的教学步骤

运球技术的教学步骤，一般应先教原地运球、行进间高与低运球、运球停急起、体前变向运球、背后运球、转身运球和胯下运球。

教师要向学生讲清运球的目的和作用，以及运用的时机、动作方法、动作要领和关键环节，指导其掌握正确的运球技术。

（三）运球基本动作

身体姿势：两膝保持相应的弯曲度，上体稍微前倾，抬头，注意观察场上的情况。上肢动作：以肩关节为轴，上臂带动前臂发力，肘关节自然放松，运球手五指自然分开，扩大控球面，用手指、指根以上部位及手掌的外缘接触球，掌心内凹，按拍球时手心空出。按扣球的部位由运球的方向和速度来决定。按拍球部位不同，球的落点就不同，球的入射角与反射角也不同。按拍球的力量，决定着球在地面反弹的高度与速度。按扣球时手应随球上下运动，尽量延长吸附球的时间，这样有利于控制支配和保护球，便于改变运球动作和观察场上情况。

（四）运球技术动作方法

1. 高运球

高运球通常在没有防守队员时运用。同时在行进中按拍球的速度较均匀，因此动作较简单易学。

高运球的特点是球反弹较高，便于观察场上情况。运球时两腿微屈，上体稍前倾，目平视。以肘关节为轴，前臂自然屈伸，手腕和手指柔和而有力地按扣球的后方，用指根及指腹部位触球，食指向前。球的落点控制在运球手同侧脚的外侧前方，使球的反弹高度在胸腹之间，手、脚协调配合。快速运球行进时，手触球的部位要向后移，用力要稍加大，球的落点离脚要远些。

2. 低运球

低运球行进中遇防守队员时，减速弯腰屈腿，身体重心下降，屈腕并用手指和指根部位短促地按拍球的后上部，使球控制在膝关节高度，从防守人的一侧超越，继续前进。

3. 运球急停急起

运球急停急起是在对方防守较紧时，利用速度的变化摆脱对手。在快速运球中急停，使身体重心下降，手按拍球的前上方，使球停止向前运行，目视前方，两脚用力蹬地，上体迅速前倾起动，同时手按拍球的后侧上方，人、球同步快速前进。

4. 体前变向运球

体前变向运球是在快速运球推进中运用，当对手堵截运球前进的路线时，突然向左或向右改变运球方向，从而摆脱对方防守。

动作方法：以右手运球为例，运球队员从防守队员左侧变向突破时，先向其右侧做变向运球假动作，当对手移动堵截运球时，突然用右手按拍球的右侧后上方，使球经自己体前向左侧前方反弹。同时左脚迅速随球向左侧前方跨步，上体同时向左扭转，身体重心要降低，侧肩贴近防守者，将球压低。当球反弹至腹部高度时，右脚蹬地迅速前迈，左手拍球的后侧上方，超越防守圈。

5. 运球转身

当防守队员采用紧逼防守，离运球队员距离较近时，可用运球转身来突破防守。

当对手逼近不能用体前变向运球突破，而且距离较近时，迅速上左脚，微屈膝，重心移至左脚，并以左脚前脚掌专轴做后转身，右手将球拉至身体的后侧方，并按拍球落在身体的外侧方，然后换左手运球，加速超越防守队员。

6. 背后运球

当对手堵截运球一侧，距离较近，不便于运用体前变向运球时，可采用背后运球，改变方向突破防守。

在跑动中背后向左变向时，右脚向侧前方跨出，右手拍球的前上方，将球按拉到身后。当球反弹至身后腰部高度时，右手直臂按拍球的右侧后上方，使球向左脚的侧前方落地，随即迈左脚，球反弹后换左手继续向前推拍球，加速超越防守。

四、投篮

所谓投篮是进攻队员将球投入对方球篮而采用的各种专门动作方法的总称。投篮是篮球比赛中唯一的得分手段，投篮得分的多少直接决定着比赛的胜负，而一切进攻技、战术运用的最终目的都是创造更多、更好的投篮机会，是整个篮球技术体系的核心。因此掌握和运用好投篮技术，不断地提高投篮命中率，对于学习篮球运动技能具有十分重要的意义。

（一）投篮技术分类

投篮技术动作方法很多，可分为原地投篮、行进间投篮、跳起投篮、扣篮和补篮等。

（二）投篮技术的教学步骤

1. 投篮技术的教学，首先应教原地投篮，接着教行进间单手肩上投篮、单手低手投篮，再教原地跳起投篮。

2. 通过讲解、示范使学生建立完整正确的投篮技术概念，掌握正确、规范的投篮手法以形成技术动作定型。然后在掌握了基本手法和步法的基础上逐渐增加练习的次数、距离、难度、强度、密度等并在攻守对抗条件下提高投篮的命中率。决定投篮命中率的因素很多，它包括心理因素、持球方法、瞄篮点、协调用力、出手角度和出手速度、出手动作、抛物线、球的旋转、入篮角以及外界因素影响等诸多环节，各环节又相互联系和相互影响。所以，投篮动作要做到身体各部分协调配合和各技术环节连贯正确。特别是具有良好的心理素质对提高投篮命中率起着至关重要的作用。

（三）投篮技术方法

1. 原地投篮

（1）原地单手肩上投篮

原地单手肩上投篮是行进间投篮和跳起投篮技术的基础，是比赛中最常用的投篮方法。它具有出手点高、便于结合其他动作、不易被封盖等优点，因此在篮球比赛中被广泛使用。

动作方法：（以右手投篮为例）双手持球于胸前，肘关节自然下垂，两脚前后或左右开立，两膝微屈，重心落在两脚之间，屈肘，手腕后仰，掌心向上，五指自然分开，持球于右眼前上方，左手扶球侧，上体放松并稍后倾，目视瞄篮点。投篮时，下肢蹬地发力，上肢随着蹬地向前上方伸臂，两手腕同时外翻，手腕前屈，拇指用力拨球，使球通过食指、中指端将球投出。球出手时身体随投篮出手方向伸展。

（2）原地双手胸前投篮

原地双手胸前投篮是篮球运动中较早的投篮方法之一，这种投篮方式方便跟其他技术结合。而且能充分发挥全身的力量，适用于中、远距离，女子运用这种投篮较多。

动作方法：两手持球于胸前，手指自然分开，拇指相对成“八”字形，用指根以上部位握球的两侧后下方，手心空出，两臂自然屈肘，肘关节下垂，两脚前后或左右开立，两膝微屈，重心落在两脚上，眼睛注视瞄准点。投篮时，下肢蹬地发力，两臂向前上方伸直，前臂内旋，拇指下压，手腕前屈，食指、中指用力拨球，通过指端将球投出。球出手时身体随投篮出手方向自然伸展，脚跟微提起。

2. 行进间投篮

（1）行进间单手肩上投篮

行进间单手肩上（高手）投篮是比赛中应用广泛的一种投篮方法。多在快攻或突破篮下时运用，一般称为跑动中投篮。行进间单手肩上投篮优点是出手点高，易用身体保护好球。

动作方法：以右手投篮为例，在快速运球或跑动中，右脚向前跨出一大步的同时接球，左脚迅速跟上跨出一小步，同时全脚掌着地，迅速过渡到前脚掌起跳，右腿屈膝上抬，两手持球上举至肩上头侧，腾空后，右臂向前上方伸展，腕、指动作同原地单手投篮。投篮出手后，两脚同时落地，两腿弯曲，以缓冲落地的力量。

（2）行进间单手低手投篮

行进间单手低手投篮的投篮动作多在快速跑动中超越对手并接近篮下时运用，具有速度快、伸展距离远的特点。

动作方法：以右手投篮为例。右脚跨出一大步的同时接球，左脚接着跨出一小步并用力蹬地起跳，右腿屈膝上提，双手向前上方举球。当身体接近最高点时，左手离球，右手外旋，掌心向上，托球，并充分向球篮的上方伸直，接着屈腕，食指、中指用力拨球，通过指端将球投出。

3. 跳起投篮

跳起投篮，简称跳投。其具有突然性强、出球点高和不易防守的优点，可与传球、运球突破等动作结合，可在原地、行进间急停或背对球篮接球后转身等情况下运用。

动作方法：以右手投篮为例，两手持球于胸前，两脚左右或前后开立。两膝微屈，重心落在两脚之间。起跳时两膝适当弯曲，接着前脚掌蹬地发力，向上迅速摆臂举球并起跳，双手举球于肩上或头上，左手扶球左侧。当身体接近最高点时，左手离球，右臂向前上方伸展，手腕前屈，食指、中指拨球，通过指端将球投出。

4. 扣篮

扣篮是直接将球由上向下投入篮内的一种投篮方法，是投篮技术发展中的又一重要标志，改变了投篮的一般规律。由于它投篮出手点接近球篮又高于球篮，且有最佳的入射角，所以无须考虑抛物线这一因素。在世界强队比赛中，扣篮得分所占的比例越来越大，扣篮方式随着实践发展而多样化。有原地扣、行进间扣、单手扣、双手扣、正手扣、反手扣、凌空接扣等。由于扣篮是直接将球由上向下灌入篮圈，因此有出手点高、球速快、攻击性强、难封盖、准确性高等特点，但也是难度较大的投篮方法，必须有很好的身体素质，特别是弹跳力和控制球能力。这里主要介绍以下两种方式。

行进间单脚起跳单手扣篮：以右手扣篮为例，行进间右脚跨出的同时接球，紧接左脚迈出一小步制动并用力蹬地向上跳起，上体充分伸展，高举手臂将球举至最高点，超过篮圈的高度并有适宜的入射角时，用屈腕的动作，将球自上而下地扣入篮圈之中。球离手后特别要注意对身体的控制和落地屈膝缓冲。

行进间单脚起跳双手扣篮：双手持球，双脚用力蹬地向上跳起，同时将球上举，充分伸展身体，双手举球至最高点，当球举过篮圈高度时，双手屈腕，将球自上而下扣人篮圈，球离手后注意控制好身体平衡，落地屈膝缓冲。

5. 补篮

补篮是指投篮未中，球刚从篮圈或篮板弹出时，在空中运用单手或双手将球托入或拨入篮圈的投篮，补篮是一种无明显持球动作直接用力投篮的方式。补篮时，队员应根据腾空后，人、球、篮的相对位置、高度、角度以及防守情况，灵活地选择补篮的方法。以下是两种基本补篮方法。

单手补篮：以右手补篮为例，当球从篮圈或篮板反弹时，要准确地判断球的反弹方向，及时起跳，手臂向球的方向伸出，当跳至最高点、手臂接触球的一刹那，在空中用手指手腕的力量将球投入篮圈。

双手补篮：球反弹方向在头的正上方时多采用双手补篮。起跳后，双手触球后可用拨球的方式将球投向篮圈，其他动作与单手补篮基本相同。

五、抢篮板球

篮球比赛中双方队员在空间争抢投篮未中的球被称为抢篮板球。其分为抢进攻篮板球和抢防守篮板球。当进攻队投篮未中，自己或本方队员争抢在空间的球，称为抢进攻篮板球或前场篮板球。对方投篮未中，防守队员争抢在空间的球，称为抢防守篮板球或后场篮板球。篮板球的争夺是攻守矛盾转化的关键，是增加进攻次数的有力保证，它对比赛的胜负起着至关重要的作用。

（一）抢篮板球技术教学步骤

抢篮板球技术的教学顺序是：移动，抢占位置，判断起跳，抢球。

教学与训练中，首先要使学生明确篮板球的重要性，在进行抢篮板球技术训练中要注意培养学生勇猛顽强的战斗作风和积极拼抢的意识，养成每投必抢的习惯。然后可采用分解教学的方法，先练习原地起跳、抢球，再练习移动抢位、挡人、起跳抢篮板球的完整技术，并逐渐加大难度，最后在对抗的条件下练习或在比赛中进行抢篮板球练习。同时要在掌握投篮不中时球的反弹、落点规律的基础上，提高抢进攻篮板球时的冲抢意识和抢防守篮板球时的挡抢意识。

（二）抢篮板球技术动作方法

1. 抢进攻篮板球

抢进攻篮板球是进攻队的一个重要进攻环节，是争取继续控球权的重要手段，也是争取获胜的主要途径之一；进攻队员抢篮板球时一般处于防守队员的外侧，需要移动和摆脱对手，因此，抢进攻篮板球时要突出一个“冲”字。

动作方法：篮下进攻队员抢篮板球时，当同伴投篮的时候，靠近球篮的进攻队员要及时判断球的反弹方向，然后向相反方向的侧前方跨步，做身体虚晃的假动作，诱开身前的防守队员，利用绕跨步挤到对手的前面或侧前面，抢占有利位置，借助跨步或助跑起跳，至最高点补篮或抢篮板球。处于外线位置队员抢篮板球，当同伴投篮时，如进攻队员面向球篮，则首先要观察判断球的反弹方向、速度和落点，突然起动冲向球反弹方向进行补篮或抢获篮板球。以从防守人身后左侧冲抢为例，进攻队员面向球篮时，右脚向右侧跨步，向右侧做假动作，随后以左脚为支撑脚，右脚向左跨出一小步，重心移至左脚，同时右脚立即向前跨步绕前，挤靠防守人，跳起抢篮板球或补篮。

总之，进攻队员抢篮板球要准确判断时间，绕步冲阳，及时起跳，补篮或组织第二次进攻。

六、持球突破

持球突破是持球队员运用脚步动作和运球技术快速超越对手的一项攻击性很强的技术，良好的突破技术能打乱对方的防守部署，创造更多的攻占机会，若巧妙地与投篮、传球假动作有机结合起来，能使进攻战术更加灵活、机动。因此，在持球突破技术的教学和训练过程中，教师不仅要教给学生规范的技术动作，而且要重视培养学生的突破的意识和临场观察判断能力。

（一）持球突破技术教学步骤

在持球突破技术教学中，教学时应先教交叉步持球突破，再教同侧步持球突破，避免两种突破方法相互混淆。

在具体教学中，教师应首先通过形象的讲解，正确的示范，使学生建立正确的动作概念，不要在细节上花费过多精力，以免因过强或过弱的刺激而引起泛化现象，应强调掌握动作的主要环节，以取得重点突破的效果。同时，教学步骤和方法应遵循由易到难、由简到繁的原则。先学单个技术动作，再学组合技术动作，最后在消极防守和积极防守中学会运用，在练习中还应学会两脚都能做中枢脚，同时防止带球走违例情况的发生。

（二）持球突破技术动作方法

1. 交叉步持球突破

交叉步持球突破是在离防守队员较近时采用的方法，因为交叉步持球突破更容易护球，也可减少走步违例，所以初学者运用较多。

动作方法：以左脚为中枢脚为例，两脚左右开立与肩同宽，两膝微屈，重心控制在两腿之间，持球于胸腹之间。突破时，右脚前脚掌内侧迅速蹬地，将重心移至左脚，同时向左前方跨步，上体左转探肩，将球引于左侧，在左脚离地前，用左手推球于防守者的右侧，同时左脚全力蹬地，加速超越防守队员。若在突破中能有机地结合投篮、虚晃、传球等假动作，成功率更高。

2. 同侧步持球突破

同侧步持球突破，一般在离防守人较近，利用防守队员失去身体重心，尤其是向一侧失去重心过多时运用。

动作方法：以左脚为中枢脚为例，突破前，两脚左右开立稍大于肩，两膝微屈，重心控制在两腿之间，持球于胸腹前。突破时，左脚掌内侧蹬地，右脚迅速向防守人左侧方迈出，脚尖向前，上体稍右转，同时探肩，重心前移，在左脚离地前，用右手推拍球于迈出脚的侧前方，左脚迅速蹬地并向右前方跨出，加速运球超越对手。

第三节　篮球防守技术教学

防守技术是防守队员为阻挠和破坏对手的进攻，合理运用脚步移动和手臂动作，积极抢占有利位置，以达到争夺控制球权的目的所采用的各种专门动作方法的总称。因现代篮球比赛中特别强调攻守平衡，对一个高水平的篮球队来说，谁具备更强的攻守平衡能力谁就能取得胜利。

防守队员要积极地抢占合理的位置，干扰、破坏对手的进攻行为，争夺控制球权，同时，还要想方设法破坏对方的战术配合和限制对方的进攻速度。防守对手是个人防守技术，也是集体防守战术配合的基础。因此，必须高度重视个人防守技术的教学训练，促进防守和进攻技、战术的全面提高。

一、抢防守篮板球

防守队员抢篮板球要突出一个“挡”字，利用自己占据篮下或内侧位置挡抢篮板球。

首先篮下队员抢篮板球时，当进攻队员投篮的时候，根据对手移动的情况和位置运用上步、撤步和转身等动作把进攻队员挡在后方，并抢占有利位置。因距离篮板较近，攻守距离也近，一般多采用后转身挡人。挡人抢位动作应是低重心，两肘外展，抢占空间面积，保持最有力的起跳姿势。挡人主要是为了延误对手抢位起跳，所以转身挡人动作完成后，应迅速起跳抢篮板球。也可以适时合理地运用直接冲抢篮板球的方法，获球后，最好能在空中将球传给同伴，完成发动快攻的第一传；如没有机会，落地后应侧对前场，观察赛场情况，迅速传球发动快攻或运球突破摆脱防守后及时将球传给同伴，要充分发挥篮板球的攻击作用，不能只是消极地保护球。

二、防守持球队员

防守有球队员的主要任务是尽力干扰和破坏其投篮行为，堵截其运球突破，封锁其助攻传球。并积极地运用抢、打、断球的技术，从而达到控制球权的目的。

1. 防守的位置与距离

防守有球队员时，防守人应站在对手与球篮之间，使自己、对方和球篮保持在一条直线上。一般来讲离篮远则远，离篮近则近，同时还应根据对手的进攻技术特点以及防守战术的需要调整防守距离。

2. 防守动作

由于场上的情况是千变万化的，防守时应根据持球队员的进攻特点、意图及球篮距离不同，防守有球队员的技术动作也有所不同。从脚步动作来讲，通常防守有球队员有以下两种防守方法：

第一，平步防守，两脚平行站立，两手臂侧伸不停挥摆。这种站位防守面积大，攻击性强，便于向左、右移动，适合贴身防守运球突破。在对手运球停止时，封堵传球以及进行夹击防守配合时均可运用平步站位防守。

第二，斜步防守，两脚斜前站立，前脚的同侧手臂上伸，另一臂侧伸，两膝弯曲，降低重心。这种方法便于前后移动，对防投篮比较有利。不论采用什么防守方法，都要积极移动，当对方持球或运球突破时，应迅速后撤堵截其突围路线，迫使对手处于被动。当对手做各种假动作时，要能判断真假，不要被其迷惑而失去合理的防守位置。当对手投篮时，要准确地判断其起跳时间，及时起跳进行封盖。

三、防守无球队员

在篮球比赛中，防守队员绝大部分时间是防守无球队员。防守无球队员的主要任务是，不让对手在有效攻占区内顺利接球，随时准备抢断传向自己对手或穿越自己防区的球，并快速地进行反击。

1. 防守位置

正确占据有利的防守位置，是防守成功的重要条件。选择防守位置要做到“球、人、区”兼顾原则。也就是说防守队员要根据对手、球篮和球的位置与距离，以及对手的身高、速度、进攻特点、战术需要和自身防守能力来选择防守的位置和距离。选位于对手与球篮之间偏向有球一侧的位置上。

2. 防守姿势

正确的防守姿势能保证扩大控制面积和方便及时向不同方向移动。选择防守姿势与对手和球的距离有关。

强侧防守：防守距离球较近的对手时，经常采用面向对手侧向球的斜前站立姿势。靠近球侧的脚在前，屈膝，重心在两脚之间，便于随时启动，堵截对手摆脱防守后移动接球的路线。伸右侧手臂，拇指朝下，掌心向球，封锁传球路线，干扰对手接球。

弱侧防守：防守距离球较远的对手时，为了便于人球兼顾和协防，经常采用面向球，侧向对手的站立姿势。两脚开立，两腿稍屈，两臂伸于体侧，掌心向着球的方向。密切观察球、人的动向，并随着球或人的移动而不断地通过滑步调整自己的防守位置。

3. 脚步动作

防守时，防守队员要根据球和人的移动，合理地运用脚步动作来保证及时占据有利的防守位置，争取主动权。在与对手发生对抗时，重心下降，双脚用力扒地，两腿弯曲，扩大站位面积，上体保持适宜紧绷，在发生身体接触瞬间提前发力，主动对抗。合理使用手臂动作干扰对手视线，以扩大防守空间，保持身体平衡，快速移动，抢占有利位置。

第四节　进攻战术基础配合

进攻战术基础配合是在篮球比赛中，进攻队员两三人之间有目的、有组织、相互协同行动的配合方法。进攻战术基础配合包括传切配合、掩护配合、突分配合和策应配合。

一、传切配合

传切配合是一种最基本的简单易行的进攻方法，一般在对方采用扩大盯人防守战术或区域联防时运用。传切配合包括一传一切和空切配合。随着现代篮球高空技术和技巧的发展，其具有配合简洁、突然、攻击性强的特点，同时一传一扣和空切与空中接球直接扣篮配合也是比赛中经常使用的配合方法。

（一）传切配合的方法

1. 一传一切配合：是指持球队员传球后，利用起动速度或假动作摆脱防守，向篮下切入接回传球投篮的配合。

2. 空切配合：是指无球队员掌握时机摆脱对手，切向防守空隙区域接球投篮或做其他进攻配合。

（二）传切配合的基本要求

1. 必须有一定的配合空间及合理的切入路线。

2. 切入队员首先要把握好切入时机，切入队员抓住防守队员选位不及时或注意力分散的空隙，快速起动，或利用假动作摆脱对手。

3. 传球队员动作要隐蔽，及时准确。

（三）传切配合练习方法

1. 首先练习假动作摆脱防守，判断摆脱防守的时机。

2. 努力练习传球的时机与准确性，增加配合默契程度。

3. 进行横切、纵切、空切配合综合练习。

二、掩护配合

掩护配合是指进攻队员之间选择合理的位置，用自己的身体以合理的技术，挡住同伴防守者的移动路线，使同伴得以摆脱防守，或利用同伴的身体和位置使自己摆脱防守而获得进攻机会的一种配合方法。

掩护配合有多种形式和方法，根据掩护者和被掩护者身体位置的不同，有前掩护、侧掩护和后掩护三种形式。而根据掩护者的移动路线、方法和变化，有反掩护、假掩护、运球掩护、定位掩护和连续掩护等。

（一）掩护配合的方法

1. 侧掩护配合

侧掩护是指掩护队员站在同伴防守者的侧面，用身体挡住防守者的移动路线，使同伴得以摆脱防守的一种掩护方法。

比如给无球队员做侧掩护（反掩护），如图 7-3 所示，⑤传球给④后，即向相反方向跑动给⑥做侧掩护，当⑤跑到⑥侧面掩护到位时，⑥摆脱防守者切入篮下接④的传球投篮。

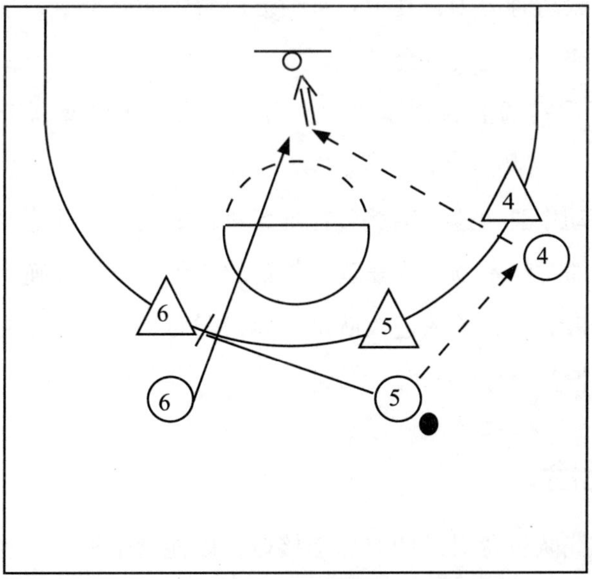

7–3 侧掩配合

2. 后掩护配合

所谓后掩护配合就是前锋为后卫做后掩护。

3. 前掩护配合

掩护队员站在同伴防守者的前面，用身体挡住防守者向前移动的路线，使同伴借机摆脱防守接球进行攻击的一种掩护方法。

（二）掩护配合的基本要求

1. 掩护者应选择合适的掩护位置和动作，掩护队友并与对方队员保持适当的距离，两脚平行开立，两膝微屈，上体微前倾，两臂屈肘放于体侧或交叉放于胸前，有利于自我保护和攻守对抗。同时要注意掩护，要符合规定，不能有推、拉、顶等非法的动作，与对方队员发生身体接触时不能用跨步等动作去阻挡。

2. 掩护时同伴之间的配合时机非常重要，过早或过迟的行动都会使掩护失败，掩护时队员配合要默契，被掩护的队员要配合掩护队员，运用假动作吸引对方注意。当同伴到达掩护位置时，摆脱对手动作要突然、快速。

3. 掩护结束后，掩护队员要采用后转身动作挡住对手追赶其防守的同伴，堵截其追赶路线，并伺机接球进攻或冲抢篮板球。

三、突分配合

突分配合是有球队员利用突破技术摆脱防守，当遇到其他防守队员补防造成防守部署打乱时迅速将球传给有利于进攻、位置好的同伴的一种配合方法。突分配合经常在对方采用人盯人防守或区域联防时运用，其可打乱对方的整体防守部署，压缩防区，从而给同伴创造最佳的外围投篮或篮下进攻机会。

1. 突破前首先要观察场上的具体情况，当对方的防守部署利于突破时，要果断实施突破。

2. 队员在突破中动作要快速、突然，在准备投篮的同时，注意观察攻守队员的位置变化，在突破过程中要随时观察场上攻守队员位置的变化，及时准确地传球。

3. 当持球队员突破后，其他的进攻队员都要摆脱对手，离开原先的位置，切向空隙区域，准备接球进攻或抢篮板球。

四、策应配合

策应配合是指内线队员背对或侧对球篮接球，以他为中枢，与外线队员的空切相配合而形成的一种里应外合的配合。

（一）动作要领

策应队员先抢占有利位置，接球后两脚开立，屈膝，上体稍前倾，两手持球与腹前，用臂和身体保护球。外围队员利用假动作和策应队员的身体掩护摆脱防守并接策应队员的传球切入篮下进攻。

（二）配合要求

1. 策应者要及时抢位接球。

2. 充分利用手臂、身体、腿部保护好球。

3. 既要利用好自己的攻击机会，又要根据场上具体情况，处理好进攻与传球的关系。

4. 策应完成后要跟进抢篮板球。

（三）易犯错误

1. 抢位不及时，没法占据最有利的位置。

2. 接球后没有充分利用转身、跨步、假动作等技术调整位置与方向，策应手段比较单一。

3. 主次不分，接球只想自己进攻，忘记自己的枢纽策应作用，忘记给同伴创造进攻机会才是策应的主要作用。

五、进攻战术基础配合教学建议

进攻战术基础配合的教学内容应安排在基本技术教学之后、防守战术基础配合之前讲解。进攻战术基础配合的教学，首先应通过讲解和演示使学生明确基础配合的概念、配合方法、移动路线、运用的时机、行动的顺序等。

教学中应抓住重点教材中的重点部分，以点带面。传切配合重点强调如何摆脱对手及传球技术运用；突分配合重点掌握突破分球的时机、传球方法及切入队员的路线；掩护配合重点，强调掩护动作、距离、位置、角度和掩护后的转身及移动方向；策应配合重点强调策应技术动作的运用、绕切的路线及传球的方法。与此同时，在选择教学方法时，首先在固定条件下练习配合的方法、路线、时机，然后再设置假设的对手或标志物，进行以简单对抗条件为背景的练习。

加强教学组织管理，对每个重要教学环节要严格要求，提高战术意识，以及强调合作意识的培养与配合的质量，从而为学习整体战术配合打好基础。

第五节　防守战术基础配合

防守战术基础配合是指两三名防守队员，为破坏对方的进攻配合，或当同伴防守出现困难时，互相及时协作防守的方法。防守战术基础配合包括抢过、穿过、绕过、关门、夹击、补防和交换防守配合等。

一、穿过配合

穿过配合是破坏掩护配合，及时防住自己对手的一种配合。当进攻队员进行掩护时，掩护队员的防守者要及时提醒同伴并主动向后撤一步，让同伴及时从自己和掩护队员之间穿过，以便继续防住对手。

二、绕过配合

所谓绕过配合是指破坏对方掩护配合及时防守自己对手的一种配合。当进攻队员进行掩护时，防守队员要及时提醒自己的队员，并主动贴近对手，让队员以最快的速度、最短的距离从自己的身旁绕过，继续防住自己的对手。

三、“关门”配合

所谓“关门”配合是指两名防守队员靠拢协同防守突破的一种配合方法，形同关门一样，将人堵在其外。

四、交换防守配合

交换防守配合是一种为了破坏对方的掩护配合，是防守队员之间及时交换自己所防对手的一种配合方法。当进攻队员进行掩护时，防守队员移动线路被阻，因此当进攻队员伺机摆脱防守时，防守队员应及时交换防守对象。

五、挤过配合

挤过配合是指对方进行掩护时，防守队员在掩护队员接近自己的一刹那，迅速抢前横跨一步贴近自己的对手，并从两个进攻队员之间侧身挤过去，继续防守自己对手的一种配合方法。防守掩护队员的同伴，要及时呼应，并配合行动，以备补防。

第六节　快攻与防守快攻

一、快攻

快攻是由守转攻时，在最短的时间内，以最快的速度造成人数上或位置上的优势，迅速而合理地进攻的一种战术。防守快攻是防守战术的重要组成部分，是在由攻转守的瞬间组织起来阻止和破坏对方快攻的防守战术。其特点是速战速决、攻其不备，是现代篮球进攻战术中最锐利、最有效的武器，同时也是最重要的反击得分手段。

（一）快攻战术基本要求

1. 努力加强快攻战术意识，不放过任何一次快攻的机会。

2. 由守转攻时，要起动快，分散及时，保持合理的位置和跑动路线，扩大攻击范围，增加攻击点，并且做到前后层次有序，左右相互照应。

3. 在整个快攻过程中，抢球的队员要由远及近观察全场情况，及时将球传送到最佳快攻点上，减少传球和运球，尽量缩短推进的时间。

4. 快攻结束时，动作要果断、快速、隐蔽，不要降低速度，要果断投篮和冲抢篮板球，减少限制区内的不必要传球。

（二）快攻战术特点

1. 每名队员都有较强的快攻意识和快速进攻的技术。一旦由守转攻，首先想到的就是利用一切机会打快攻反击。

2. 参加的人数多，接应点多，一传距离远，快下的速度快。获得球权后，立即变为五人快攻反击。五人分工明确，快下、一传、接应、推进、跟进、切入或补篮，任务很明确。

3. 快攻结束，中、远距离投篮增多。过去的比赛中，快攻结束的方式多运用上篮，篮下投篮，当前由于跟进冲抢篮板球的意识增强，补篮意识增强以及中、远投命中率提高，因此，快攻结束时中、远距离投篮的次数增多。

4. 快攻受阻时，审时度势，准确把握攻击节奏，将快攻与阵地进攻有机地结合起来，充分体现进攻的连续性和合理性。

（三）快攻战术方法

1. 长传快攻

长传快攻是队员在后场获球后，立即把球迅速传给摆脱对方偷袭的同伴的一种配合。

其特点是突然性强、速度快、时间短、成功率高。

2. 短传结合运球快攻

短传结合运球快攻是指队员在防守中获球后，立即以快速的奔跑和短促的传接球迫近对方篮下进行攻篮的一种配合意识。其特点是灵活多变、层次清楚、容易成功。

3. 运球突破快攻

运球突破快攻是在防守中获球后，在不便于传球的情况下，应快速运球创造或寻找配合机会，以提高快攻的速度和威力。

（四）快攻战术教学步骤

1. 快攻是进攻战术的主要内容，一般安排在攻、防战术基础配合之后进行教学。快攻战术的教学，首先通过讲解和演示使学生明确快攻的概念、发动快攻的时机、组织结构、形式和基本要求。

2. 教学中应先教长传快攻，再教短传和与运球相结合的快攻；先教快攻的发动与接应，再教快攻的结束段，最后学习快攻推进与全队配合的内容。

3. 快攻战术教学应先在固定形式下练习快攻的基本方法，逐步过渡到机动情况下练习，先进行分解练习，后进行组合练习，最后进行完整的快攻战术练习。

4. 快攻教学以抢后场篮板球发动快攻、短传与运球结合的推进、以多打少的结束段为教学的重点。

二、防守快攻

防守快攻是指篮球比赛中由进攻转入防守时，以最快的速度阻止和破坏对手使用快攻的防守战术。防守快攻要从全力拼抢篮板球开始，合理地运用封、夹、断等手段破坏对方的第一传和快攻接应，并趁机夹击运球队员，破坏其快攻。因此防守快攻战术是一个有机的整体，其必须根据对方快攻攻势的展开，有针对性地防守，力求延缓对方进攻的速度，打乱对方的进攻节奏，推迟进攻时间，以起到组织全队防守战术的布置目的。

（一）防守快攻方法

1. 提高投篮命中率

提高进攻成功率可以减少对方抢篮板球发动快攻的次数，减少失误，避免被抢断球，控制对方发动快攻的次数。同时进攻队员积极拼抢前场篮板球是制约对方发动快攻的有效方法。

2. 积极封堵第一传和接应

及时封锁和堵截对方的第一传和接应，是防守快攻的关键环节。当对手获球转为进攻时，近球的防守队员要迅速上前封锁对手的传球路线，伺机夹击防守，干扰其第一传，同时其他队员切断接应路线，伺机断球，延缓其进攻速度，争取时间布防；当对方掷后场端线球快攻时，防守队员一方面要迅速退防，防止其偷袭，另一方面要阻挠掷端线球，延缓其进攻速度，组织好阵地防守。

3. 控制对手的推进

当对方采用固定接应方式时，应抢占对方的接应点，截断接应队员与第一传的联系，从而达到破坏和延误对方快攻发动和推进的速度。

4. 防守快下队员

由攻转守时，除积极拼抢篮板球，封堵第一传和接应外，在后场的防守队员要迅速退守控制后场，积极运用快速退守，在退守过程中要控制好中路，并追截沿边线的快下队员，切断对方长传快攻的路线。

5. 提高以少防多的能力

在快攻结束阶段，若出现以少防多的不利局面，防守队员要积极移动选位，运用假动作干扰其传球，制造进攻队员左右为难的局面，迫使对方失误或延缓进攻速度，从而为同伴争取退守的时间。

一防二：当防守出现一防二的局面时，防守队员要保持沉着冷静，应充分根据对方的进攻位置，边防边退，选择有利的防守位置，迫使对方运球能力不强的队员运球，从而造成对方的失误出现。

二防三：两名防守队员积极移动，紧密配合，内外兼顾，左右照应。两名防守队员中一名队员侧重对付有球的队员，另一名队员则注意选择合理位置，做到既能控制篮下，又能同时兼顾两名无球队员的行动，要看准时机，果断进行抢、断球，争取转守为攻。二防三形式主要有二人平行站立、二人重叠站立以及二人斜线站立三种。

（二）防守快攻教学步骤

1. 防守快攻教学要与快攻教学结合进行，一般放在进攻教学完成之后，再教防守快攻。

2. 防守快攻教学应先采用分解法，然后再进行整体防守战术的教学。把堵截快攻第一传与接应、防守对方推进、防守结束段分解进行。在掌握各阶段方法的基础上，再进行整体防守战术的教学。通过教学比赛，不断提高防守快攻的质量。

3. 要始终把培养学生防守快攻的意识、坚忍不拔的意志和积极拼抢的作风贯穿于整个教学之中。

第八章　篮球运动规则与裁判工作理论

第一节　篮球运动主要规则

篮球规则是篮球竞赛的法则，它是参加篮球竞赛活动的人员必须遵守的比赛规则、技术标准和行为规范。篮球规则的宗旨就是提倡公平竞赛、文明竞赛，鼓励积极进取、团结协作、遵守纪律的优良体育道德作风。同时反对并抵制不正当行为和不合理动作，反对野蛮、粗暴的作风与打法，以促进技术、战术的不断发展，从而体现与维护篮球初创时期提出的基本精神、宗旨和目的，促进篮球运动的健康发展。

一、比赛通则

（一）篮球比赛定义

每场篮球比赛由两个队参加，每队出场 5 名队员。每队的目标就是在对方球篮得分，并且阻止对方队得分。

（二）比赛时间

比赛一般由 4 节构成，每节 10 分钟；在第一节和第二节（即第一半时）之间、第三节和第四节（即第二半时）之间以及每一决胜期之前应有 2 分钟的比赛休息时间。每半时之间的休息时间应为 15 分钟。如果第 4 节比赛结束，有一个或几个 5 分钟的决胜期，那么决胜期是第 3、4 节的延续。第 1 节由中圈跳球开始比赛，第 2、3、4 节由拥有球权的队掷界外球开始比赛。

（三）球中篮和它的得分值

一次罚球中篮计 1 分，如果从 2 分投篮区投篮得 2 分；如果从 3 分投篮区投篮得 3 分。

（四）交替拥有

所谓交替拥有就是以掷球入界而不是以跳球来使球成活球的一种方法。

（五）暂停

暂停指的是球队的教练员或助理教练员请求中断比赛计时要登记的暂停时间。规则规定，在第一个半时的任何时间，每队可准予 2 次要登记的暂停；在第二个半时内，可准予 3 次要登记的暂停，以及每一决胜期的任何时间可准予 1 次要登记的暂停。未用过的暂停，不得积累至下一个半时或决胜期。每次暂停时间为 1 分钟。

二、常见违例

（一）队员出界和球出界

当队员身体的任何部分接触界线上、界线上方或界线外的除队员以外的地面或任何物体时，即是队员出界。

当球触及了下列物体时，即是球出界。

1. 在界外的队员或任何其他人员。

2. 界线上、界线上方或界线外的地面或任何物体。

3. 篮板支架、篮板背面或比赛场地上的任何物体。

另外，在球出界，甚至球触及了除队员以外的其他物体而出界之前，最后触及球或被球触及的队员是使球出界的队员。如果球出界是由于触及了界线上或界线外的队员或被他所触及，则是该队员使球出界。

（二）运球违例

裁判员判断队员运球是否违例（俗称两次运球），首先要从规则的含义清楚什么是运球，哪些情况不算运球，什么时候算运球结束，什么情况下可以重新运球。这样才能对队员运球时出现的违例作出正确的判断。运球是指队员控制球后将球掷、拍或滚，在球触及另一队员之前再触及球为运球队员第一次运球结束后，在球失去控制之前或在球失去控制之后未触及另一队员或被另一队员触及之前，他不能再次运球，否则可判该队员运球违例。另外，连续投篮、运球前后的漏接、用拍击的方式试图获得球等情况不算运球。

（三）带球走

带球走是在比赛中发生在持球队员身上最常见的一种违例现象，对于这种行为裁判员应给予充分的重视，不得掉以轻心，以免出现漏判或错判的情况，影响队员技术运用的正常发挥，而给比赛造成不公正的影响。当队员在场上持着一个活球，其一脚或双脚超出本规则所述的限制向任一方向非法移动是带球走。判断带球走的关键是确定和观察持球队员的中枢脚。

队员原地静止状态下接球或移动中接球双脚同时着地，可以用任何一脚做中枢脚，当他一脚抬起的一刹那，另一脚就自动成为中枢脚；队员在移动或运球中接到球，如一脚正接触地面，则该脚就成为中枢脚；当队员一脚着地，也可跳起此脚然后双脚同时着地停步，此时哪一只脚都不能单独成为中枢脚，队员如需运球，必须在球离手后，两脚任一脚才能离地。

另外规则还规定，队员在场上一旦控制了活球并已确定了中枢脚，在开始运球时，球出手之前中枢脚不得离地，否则可判为带球走；队员提起中枢脚可做传球或投篮，但在球出手之前任一只脚不得落回地面。

（四）时间类违例

1. 3 秒违例

3 秒违例指的是当某队在前场控制活球并且比赛计时钟正在运行时，该队的队员在对方的限制区内停留的时间不得超过持续的 3 秒，否则可判该队员违例。

队员只要触及限制区的线就算位于限制区内，队员在限制区内停留接近 3 秒时，可允许他向篮下运球投篮。当投篮的球在空中时或连续的抢篮板球与补篮时则不受 3 秒规则的限制。

2. 5 秒违例

罚球队员在裁判员递交球后 5 秒没有投篮出手；掷界外球的队员在裁判员递交球后或已将球放在他可处理球的地点后 5 秒没有将球掷入场内；持球队员被严密防守，在 5 秒内没有传、投、滚或运球时均为 5 秒违例。

3. 8 秒违例

8 秒违例指的是当一名进攻队员在他的后场获得控制活球时，他的队必须在 8 秒内使球进入他的前场，否则可判该队违例。但是当先前已控制球的队由于下列情况的结果被判在后场重新掷球入界时，8 秒周期应以任何剩余的时间继续。例如，球出界；一名同队队员受伤；一次跳球情况；一次双方犯规，双方球队的相等惩罚则抵消。

4.24 秒规则

24 秒是指当一名进攻队员在场上获得控制活球时，他的队必须在 24 秒内投篮；而且在 24 秒装置的信号发出前，球必须离开投篮队员的手，而且球离开投篮队员的手后，球必须触及篮圈或进入球篮，否则为违例。

（五）球回后场

球回后场是指控制球队的队员在前场使球回到后场。在比赛中，当控制球队的队员使球进入了前场，或在球触及有部分身体接触中线或位于中线的该队队员，然后，又使球首先接触了后场地面的该队队员即为该队球回后场违例。

同时，宣判球回后场违例必须符合以下三个条件：

1. 该队已控制球。

2. 该队在前场最后触及球。

3. 该队在后场最先触及球。

三、常见犯规

犯规就是对规则的违反，含有与对方队员的非法身体接触或违反体育道德的举止。犯规者的每一次犯规应被登记，记入记录表并相应地处罚。

（一）侵人犯规

侵人犯规是指在比赛中与对方队员发生身体接触的犯规，无论球是活球还是死球，队员不应通过利用他的手、臂、肘、肩、腿、膝或脚来拉、阻挡、推、撞、绊、阻止对方队员行进；以及不应将其身体弯曲成“反常的”姿势（超出他的圆柱体）；也不应做出任何粗野或猛烈的动作。一旦出现，裁判员都应根据规则的基本精神与原则，及时判罚。

裁判员宣判了某队员侵人犯规应有以下罚则处理：

1. 应给犯规队员登记一次侵人犯规。

2. 如果是对未做投篮动作的队员发生侵人犯规，应由非犯规的队在最靠近犯规的地点掷球入界重新开始比赛。

3. 如果对正在做投篮动作的队员发生犯规，如果投篮成功，应计得分并判给 1 次追加的罚球；如果从 2 分投篮区域投篮不成功，应判给 2 次罚球；但是如果从 3 分投篮区域投篮不成功，则应判给 3 次罚球。

（二）双方犯规

双方犯规指的是两名互为对手的队员大约同时相互发生侵人犯规的情况。当裁判员一旦宣判了双方犯规，就要做出以下罚则处理：

1. 应给每一位犯规队员登记一次侵人犯规，不判给罚球。

2. 比赛应按以下所述重新开始比赛：

（1）如果某队已控制了球或拥有球权，应将球判给该队并在最靠近犯规的地点掷球入界。

（2）如果在投篮得分或最后一次或仅有一次罚球得分的同时发生双方犯规，应将球判给非得分队从端线掷球入界。

（3）如果任一队都未控制球也没有球权，可视为一次跳球情况发生。

（三）违反体育道德的犯规

根据裁判员的判断，一名队员不是在规则的精神和意图内合法地试图去直接抢球而发生的接触犯规是违反体育道德的犯规。判断违反体育道德的原则有这样几方面：如果一名队员不努力去抢球并发生接触，这是一起违反体育道德的犯规；如果一名队员在努力抢球中造成过分的接触（严重犯规），则该接触应被判定是违反体育道德的犯规；如果一名队员正做合法的努力去抢球（正常的争抢）发生了犯规，这不是违反体育道德的犯规；如果一名防守队员试图中止一次快攻，而与对方队员的后面或侧面造成了接触，并且在该进攻队员和其对方球篮间没有对方队员，那么，该接触应被判为是违反体育道德的犯规。

当裁判员宣判了违反体育道德的犯规时，应按下列罚则处理：

1. 应给犯规队员登记一次违反体育道德的犯规；

2. 判给被犯规的队员 2 次罚球以及随后该队中场的球权；

3. 罚球的次数有以下几个规定：

（1）如果对没有做投篮动作的队员发生犯规：应判给 2 次罚球。

（2）如果对正在做投篮动作的队员发生犯规，并没有得分：应判给 2 次或 3 次罚球。

（3）如果对正在做投篮动作的队员发生犯规：如果中篮应计得分并加判给 1 次罚球。

（四）取消比赛资格的犯规

队员、替补队员、教练员、助理教练员或随队人员有任何恶劣的违反体育道德的行为是取消比赛资格的犯规；一名队员被登记了 2 次违反体育道德的犯规时，该队员也应被取消比赛资格。

当裁判员宣判了取消比赛资格犯规时，应按下列罚则处理：

1. 应给犯规者登记 1 次取消比赛资格的犯规。

2. 判给对方队 2 次罚球以及随后中场的球权。

3. 如果是对正在做投篮动作的队员发生的犯规，如果中篮应计得分并加判给 1 次罚球；如果未中篮得分，应视投篮区域判给 2 次或 3 次罚球以及随后中场的球权。

（五）技术犯规

任何故意的或不遵守规则的言论与行为，应该被判为 1 次技术犯规。

1 次技术犯规发生时，按犯规对象给予不同罚则：

1. 如果是一名队员，应给他记录 1 次技术犯规，作为队员犯规并作为全队犯规之一计数。

2. 如果是一名教练员、助理教练员、替补队员或随队人员，给教练员登记 1 次技术犯规，并不作为全队犯规之一计数。

技术犯规时，应判给对方队员 2 次罚球，以及随后在记录台对面的中线延长部分掷球入界，或在中圈跳球开始第 1 节的比赛。

第二节　篮球裁判工作概述

一、篮球裁判员的基本要求

（一）较高的思想素质

1. 热爱篮球事业，具有高度敬业精神

作为一名篮球裁判员应该清醒地认识到，裁判工作关系到篮球运动的存在与发展，关系到篮球技、战术水平的普及与提高，关系到良好的体育道德的形成与发扬，关系到国家的荣誉和声望，只有这样他们才能更加热爱和忠诚地做好裁判工作，从公正准确中得到满足，从不断提高中受到鼓舞。

2. 具有较高的职业操守

篮球裁判员应具有良好的职业操守，裁判员到达赛区后要集中学习与考核，考核不及格的，不予安排临场工作。裁判员应坚持原则，不弄权渎职、以权谋私；不徇私枉法。工作期间严禁饮酒、赌博行为，违者立即取消参加该次裁判的资格。凡触犯刑律者一律交当地公安部门处理。禁止在裁判员与运动队之间传播流言蜚语、搬弄是非，造成工作被动和同志之间不团结，违者，取消参加该次比赛的裁判员资格，直到降低裁判员技术等级称号。

（二）良好的健康状况

裁判员应该经常锻炼身体，参加国家级的比赛时，要在报到前 15 天内每天最少进行一小时的身体与基本功练习，从而保证用最佳的身体状态投入临场裁判工作。对裁判员身体素质的要求主要包含速度、耐力以及灵敏度等方面。速度方面：篮球比赛中运动员的移动速度快、战术变换快、攻防转换快，所以高速度是篮球比赛的特点之一。在《篮球裁判员手册》中要求前导裁判员总是位于比赛的前方，因此可以清楚了解到，速度素质对裁判员来说尤为重要。耐力方面：篮球比赛整场 40 分钟，而且赛况异常紧张激烈，裁判员大部分时间处在高速的奔跑之中，裁判员如果没有充足的耐力，特别是速度耐力，那么就会很容易感到身体疲劳、反应迟钝，从而跟不上比赛的节奏，自然也就做不好裁判工作。所以，耐力素质对裁判员保持和提高工作效率是必不可少的。灵敏度方面：裁判员在比赛中不仅要做起动、疾跑、急停、转身、侧移和后退等各种动作，还要准确、及时地对比赛中的各种情况做出正确的判断，并适时、规范地做出宣判手势，因此，这就要求裁判员具有良好的灵敏素质。

（三）具备较高的业务素质

1. 精通竞赛规则，通晓技、战术

裁判员是受托在规则的框架和裁判法的指导原则下对比赛进行监察的，因此为了提高裁判水平，裁判员必须把规则和裁判法这两门课程学深学透。事实表明：裁判员错判、漏判及反判，多数是由于对规则理解不深、对裁判方法运用不当所造成的。这里所强调的精通，就是要用心钻研，着重领会规则的精神实质，并把握住条文之间的有机联系，除此之外，还要将规则解释及各种判例相结合，以达到对整个规则的融会贯通。

与此同时，裁判员为了正确地鉴别技术动作和战术配合的是与非，必须拥有篮球技、战术方面的知识。从裁判工作的角度来说，裁判员只有懂得了技术，才能分析并判断出某些动作是否合理，才能找出违犯的主因，才不会被表象或假象所迷惑。所以裁判员只有懂得战术，他才能及时把握住宣判的重点。凡事预则立，裁判员只有在思想上有了充分准备，有了较高的预判性，那么在宣判时才不会惊慌失措，才不会失去工作的重点。

2. 具有较强的英语能力

英语是被国际篮联规定的在国际比赛中的官方语言。在所有的国际比赛中，如有必要使用口语，则必须使用英语，因此，国际篮联对晋升国际级裁判员的笔试和口试都是用英语进行的。所以，如果不精通英语，那么他将很难应试。即使他成为了一名国际级裁判员，如果不懂英语，也会因语言的障碍，而直接影响他的判罚水平和形象。因此，无论参加国际比赛还是与人交流，具备高水平的英语能力就显得尤为重要。

（四）具有较强的时间意识

裁判员应该在赛前 3 日内到达赛区。接到参赛通知后，因故不能参加工作的，应在报到前 15 天向国家体育总局篮管中心请假。而且比赛期间要严格遵守作息制度。

（五）较强的心理素质

对裁判员心理素质的要求主要包括较强自信、敏捷思维、遇事果断以及沉着等方面。

首先要自信。自信，能够稳定情绪、产生威严；自信，能够鼓舞斗志、战胜困难；自信，能够控制行动、发挥自身应有的能力。作为篮球比赛“法官”的裁判员，首先要自信，如果裁判员缺乏应有的自信，那么他在宣判时就会显得犹豫不决，或者他虽然做出了正确的宣判，但却表现得不够自信，从而让运动员对他判罚的准确性产生怀疑。所以说，自信是裁判员必须具备的意志品质。

其次要具有敏捷思维。由于篮球比赛的速度快、变化多，并且有些情况稍纵即逝，因此，裁判员只有反应迅速，才能及时地捕捉到违反规则的行为，才能做出正确的宣判。但对有些问题单凭感觉和知觉是解决不了的，只有通过大脑的思维才能判断解决，但比赛又不允许裁判员有足够的时间去思考和判断。所以，具有思维敏捷、反应迅速的素质，对篮球裁判员来说也是至关重要的。

最后遇事要果决，但不失沉稳。裁判工作的特点是瞬间反应，如果裁判员优柔寡断，那么就会错失宣判的最佳时机，从而形成“漏判”。如果裁判员草率妄断，又会因时机不成熟，从而造成“错判”。所以，只有那些善观风色、善辨时机、善辨是非，且又当机立断的裁判员，才能称得上是高水平的裁判员。此外，对裁判员来说，在他遇到异常或出乎意料的事件时，不慌张、不急躁、不失态，并有修养、有克制、有举措，这样才能显示出他驾驭比赛的能力，因此，沉着、冷静也是高水平裁判员应具备的素质。

二、篮球裁判的等级标准与管理

（一）称号与标志

篮球裁判一般分为五个等级，分别是国际级、国家等级（荣誉级、国家 A 级、国家级）、一级、二级、三级。其中国家 A 级是指参加并通过每年由篮管中心组织的注册考核的裁判级别。但是国家 A 级篮球裁判不是永久的称号，当达不到要求时，就自然成为国家级。

（二）申请资格

凡是申请篮球各级裁判员，必须做到：拥护中国共产党领导，热爱社会主义祖国，能够积极完成各项篮球裁判工作，努力研读篮球竞赛规则和裁判方法，熟悉篮球技术、战术并有一定的亲身实践，执行裁判工作时，要做到严肃、认真、公正、准确，身体健康，并达到国家体育总局篮管中心对裁判员身体条件、身体素质及临场实践数量方面等的要求。

（三）各级裁判员申报条件

1. 国际级裁判员

要申报国际级裁判员，首先必须是标准遵守各项规定的优秀国家 A 级裁判员，思想作风正派，有良好的职业道德和较成熟、稳定的裁判业务水平。年龄在 38 周岁以下（以临考时身份证出生日期为准），形体、仪表、气质较好。应具备一定的英语听说、读写的能力，能运用英语独立执行临场裁判工作，在中国篮协组织的英语考试中成绩合格。有较好的篮球技能和一定的技战术理论。

2. 国家级裁判员

若要申报国家级裁判员，就要精通篮球竞赛规则及裁判方法，并能在临场比赛中准确、熟练运用，具有较高的理论水平和丰富的实践经验，具有组织篮球竞赛的全面裁判工作能力。

在全国篮球竞赛中能担任正、副裁判长职务，并具有担任国际比赛裁判工作的水平。

具有训练一级以下各级裁判员的业务能力。掌握英语，熟悉英语裁判术语及规则。思想作风正派，有良好的职业道德和一定的业务水平；晋升一级裁判员已达两年；男子年龄在36周岁以下，女子在35周岁以下（以临考时身份证出生日期为准）；参加全国正式比赛的临场裁判工作达2次以上。形体、仪表、气质良好。年龄在25周岁以下有培养前途者，在同等条件下优先考虑。

3. 一级篮球裁判员

一级篮球裁判员的要求是熟练掌握和运用篮球竞赛规则和裁判方法，具有一定的裁判理论水平和实践经验，基本具有篮球竞赛的全面裁判工作能力。在省级或相当省级的篮球竞赛中能担任正、副裁判长职务。具有训练二级以下篮球裁判员的能力。熟悉篮球技、战术及英语篮球裁判术语。

4. 二级篮球裁判员

熟悉并牢记篮球竞赛规则和裁判法，能在比赛中较准确地运用，具有一定的裁判的工作经验。能胜任市、县级篮球比赛裁判工作。

5. 三级篮球裁判员

懂得篮球竞赛规则，并能在比赛中运用，或经过篮球裁判员学习班的学习，能担任市、县级篮球比赛的裁判工作。

6. 篮球荣誉裁判

篮球荣誉裁判一般年龄较大，曾对篮球裁判工作作出贡献，不能担任临场裁判工作者但可以担任篮球荣誉裁判。

（四）申请裁判的程序

国际裁判需要由中国篮协裁委会推荐，并征得相关省市区体育局（篮协）的同意，以中国篮协的名义向国际篮联推荐和申请，参加国际篮联组织的考试。经国际篮联考核批准后，由国家体育总局审批公布，颁发证书、证章和胸徽。已有级别的裁判员，可在现有级别基础上申请上一级别；没有等级称号的裁判员，必须由最低级别三级开始，逐步向高一级别申请。个人申请后，由基层单位根据本人申请，考核其裁判实际水平，向有关批准部门进行推荐。申报国家级裁判员，必须参加国家体育总局篮球处和篮球运动协会组织的统一考试；申报一级裁判员，必须参加省、市、自治区体委及篮球协会组织的考试。批准授予篮球等级裁判员的权限分别如下：国家级裁判员，需由国家体育总局篮管中心批准授予；一级裁判员，需要由省、市、自治区体育局批准授予；二级和三级裁判员由地、县级体育局批准授予。国家体育局直属体育学院、行业体育协会可批准本单位、本系统一级及以下篮球裁判员，省、市所属体育学院可批准本单位三级裁判员，上述两地批准的裁判员，应报当地体育局备案。

（五）篮球裁判的考试科目

1. 临场执裁

参加由各级篮协指定的篮球比赛的裁判工作，由各级篮协裁判委员会指派的裁判技术官员对申报等级的执哨裁判的表现按测评内容进行评分，测评内容一般包含：身体形态（身高、体重等）、仪表、气质、违例的判罚正误、犯规的判罚正误、漏判、裁判的跑位等。

2. 理论知识

参加由各级篮协委托篮球裁判官员组织的理论考试，试卷的内容包括篮球技术、战术、规则、裁判法、竞赛制度等理论，其中对规则的认识和新规则的变化情况是考试的重点内容；考题的类型包括名词解释、简答题、判断说明、英语书面翻译和口译等。

3. 技、战术实践

参加由篮协组织的篮球教学比赛。通过比赛，由篮球技术官员评判考生的篮球运动技、战水平。

4. 体能项目

体能项目包括莱格尔跑一级耐力。

（1）莱格尔跑。莱格尔跑又称国际篮联 20 米渐进折返跑，要求测试者按照规定的节奏进行跑动。节奏的特点一般由慢速开始，然后逐渐加快，每次的 20 米要在规定的时间内完成，不能快，也不能慢，当考生不能达到节奏要求时，考官记录下考生跑的趟数。考生可根据自己的年龄，完成规定的趟数即可。若完不成规定的趟数，则视为不及格。当无莱格尔磁带时，可用篮球场见线折返跑来替代。篮球场见线折返跑的方法是：测试者开始先跑到罚球线，再跑回底线，再跑到半场线，再返回底线，再跑到对面的罚球线，再跑向底线，再跑到对面的底线，再返回原来的底线。要求是每人连续跑 3 次，每次间隔 1 分钟，每次进行计时。每次必须在规定时间内完成。

（2）耐力。男子 3000 米跑，女子 1500 米跑。要求按年龄在规定时间内完成。

第三节 篮球裁判员能力的培养

裁判员的基本功指的是裁判员在临场中经常起作用的最基础的专门动作。“裁判员没有扎实的基本功，临场就吹不出高水平。”如果是低级别裁判员想要向更高级别发展，年轻的裁判员就必须把裁判员的基本功放在第一位，并在此方面多用功。裁判员的基本功主要包括以下几个方面。

一、手势

（一）手势的重要性

一场比赛从开始到结束，裁判员都离不开手势。裁判员的手势是规则中的一部分，每个裁判员必须精通规则中规定的56个手势，并在所有的比赛中熟练运用。手势能够直观地、简练地和鲜明地表达比赛中所发生的一切问题，是国际篮球运动中的共同语言，是临场裁判员指挥比赛的重要工具。两个裁判员之间，裁判员与教练员及运动员之间，裁判员与记录台之间都是依靠手势作为联系的纽带。因此手势是裁判员最重要的基本功之一。

（二）临场使用手势的要求

裁判员必须使用规则中规定的裁判手势；临场宣判时，必须以裁判员手势为主，手势与语言相结合；临场裁判员的手势，必须与比赛中所出现的客观情况相吻合。常见的手势问题有三种：手势不全、丢三落四；手势不规范、乱而杂；手势与运动员违例、犯规动作不吻合。

手势的基本要求是：手势应规范、美观、大方。出示号码手势时，应与眼睛同高。

（三）手势练习方法

1. 要掌握每一个手势的动作规格和要领，按照裁判员手势图的要求一个一个地练习，达到熟练掌握。

2. 自己对着镜子练习手势，边练习边纠正。

3. 在别人的帮助和纠正下练习手势，帮助者喊出手势，练习者快速做出这种手势。

4. 结合鸣哨和宣判犯规或违例程序，综合性地练习手势。

5. 在实际临场中注意提高运用手势的能力和节奏。

二、鸣哨

（一）口哨的选择

口哨是裁判员临场指挥比赛的武器，哨声是篮球比赛中的主要信号，为了适应激烈比赛的需要，裁判员要选择一个声大、音高、声尖的高频率的口哨。目前被广大裁判员公认的最好的口哨是FOX40、海豚哨、中亚90。此类口哨的优点有：省力，用小劲吹就能发出大、高、尖的音；好听，声音清脆，虽频率高，但不刺耳；好含，此口哨的嘴扁平而长，容易含在口中；好看，口哨有黑色的、有红色的，色鲜且发亮。

（二）使用方法

要使口哨吹得更响亮，必须做到含哨要正，要把口哨含在上下嘴唇的正中央，否则，既不好吹，又不好看；含哨要紧，除上下嘴唇紧紧贴住，还要用上下牙咬住口哨；鸣哨时，先吸足气和憋足气，然后再突然快速吐气，只有这样，哨声才能洪亮。

（三）鸣哨要求

裁判员临场需要鸣哨时，应短促洪亮，只鸣单声哨。一般情况下吹犯规时，哨声略长些、重些，吹违例时，哨声略短些、轻些。

（四）注意的问题

跳球时，执行抛球的裁判员不要把口哨含在口中，以防止受伤。在活球的任何时候，口哨都要始终含在嘴里，以免急需鸣哨时，措手不及而影响宣判结果。鸣哨犯规后，特别是到记录台附近宣判犯规时，要把口哨吐掉，不要含哨宣判。裁判员临场时，最好有一只备用口哨。使用口哨前要检查，用后要清洗、消毒放好。

三、抛球

（一）抛球重要性

篮球比赛是由主裁判抛球，以跳球的形式开始比赛的，所以裁判员都要抛球。抛球太低或者抛球不正，既容易造成跳球队员违例，又容易造成跳球队员的侵人犯规情况出现。因此，抛球的好坏，是衡量一个裁判员基本功好坏的重要标志之一。

（二）抛球要求

1. 高

抛起的高度要超过任一跳球队员跳起时能达到的高度，高度一般要达到 3.40 米左右。

2. 直

抛出的球不得向前后左右偏离并使球在两名跳球队员之间垂直下落，球本身要尽量避免旋转。

3. 正

抛出的球不得向前、后或者左、右偏，使球在两个跳球队员之间下落。

（三）抛球要领

两脚前后开立与肩同宽，全身协调用力，既可用单手也可用双手将球垂直抛起，抛球时应以肩为轴由下向上摆臂。

（四）练习方法

抛球练习方法主要有：可在篮圈下将球抛起穿过篮圈再落入篮圈；可在篮板前将球垂直抛到 3.05 ～ 4 米的高度再落回原处；可在地上画一圆圈，将球置于圆圈上方后，将球垂直抛起，再使球落在圈内。

四、移动

（一）重要性

现代篮球比赛的激烈程度越来越明显，攻守转换的次数越来越多，速度也越来越快。因此，运动员的反应、动作、移动、奔跑速度都需要大大提高，使比赛自始至终都在快节奏中进行，这必然要求临场裁判员必须加快节奏和速度。在现实的临场表现中，不少裁判员处在“慢节奏”的状态，有前导裁判而不前导，有追踪裁判而不追踪的现象，甚至有些裁判员反应速度慢，吹出“马后炮”的哨。

（二）动作方法

常用的裁判员移动技术有：起动、变向跑、变速跑、侧身跑、急停、转身、侧滑步、交叉步等。

（三）移动原则

裁判员要随着比赛的球动、运动员动而不停地移动；要根据比赛队战术有目的地移动，克服自目移动；根据同伴的移动而移动，或根据同伴的需要而移动；要根据裁判法的分工而移动；要在边线和端线附近移动，必要时可深入比赛场内；移动时，要快慢结合，要横向移动和纵向移动相结合。

（四）移动练习方法

移动练习方法主要有以下几种：

1. 采用听觉信号，如教练员使用哨音、击掌声或喊声，使裁判员作各种快速启动、移动和加速跑。

2. 采用视觉信号，如教练员做出手势、设置移动目标等，使裁判员作各种各样快速启动、移动变向。

3. 提高裁判员速度的主要练习方法有：小步跑、高抬腿跑、后蹬跑、交叉步跑结合加速跑。加速跑的距离为 25~30 米。原地或移动中启动后结合加速跑。30 米反复加速跑。借助外力跑，如顺风跑、下坡跑。增加步长和提高步频跑。

4. 提高裁判员速度耐力的主要练习方法：一般性的速度耐力练习，不少于 3000 米。

400 米变速跑，快跑 30 米后变慢跑，如此反复。沿篮球场的端线、罚球线、中线折返跑。

五、默计时间

（一）默计时间的要求

默计时间要准确，并与挥臂计算相结合，要使运动员和教练员都能看得清，因为这样将增加最后结果的说服力。有时在默计时间的同时也可参看 24 秒计时装置的显示。

（二）默计时间的练习方法

1. 在篮球场上模拟练习。当队员进入限制区时开动秒表并默计时间，当认为 3 秒时间到时鸣哨，同时停表，然后检查默计的准确性。

2. 用秒表测试。开表之后，默计 3 秒、5 秒或 8 秒，认为时间到时关表，然后检查默计的准确性。

第九章　篮球运动开展的多种活动形式

随着社会的发展，人们对体育运动的形式也有了越来越多的不同的追求，篮球运动同样如此。由于不同年龄、不同性别、不同职业的各种人群需要有各自相适应的篮球活动，因此出现了多种多样的活动形式。我国是世界上开展篮球运动最广泛的国家之一，具有深厚的群众基础。通过开展各种不同形式的篮球活动，使更多的参与者能够强身健体、增趣益智。因此，篮球运动又是促进全民健身和大众健康的有效方法。本章主要对社会上开展较多的几种篮球活动作简要介绍。

第一节　小篮球

一、特点与作用

从生理学和医学的角度来看，儿童少年是进行篮球启蒙训练的最佳时期。在儿童少年中开展小篮球活动，早已得到篮坛有识之士的高度重视。一些篮球强国，更是把开展小篮球活动视为不断提高本国篮球水平的根本。

小篮球活动具有阶段性的特点。少儿篮球一般分为三个训练时期，即 6~9 岁年龄期，9~12 岁年龄期和 12~15 岁年龄期。各年龄阶段均按循序渐进的原则和严格的训练计划进行训练。6~9 岁年龄期少儿队员的训练多为篮球游戏，9 岁以后的少儿队员则重视规范化技术训练，且通过组织经常性的比赛，激发兴趣、锻炼能力和培养篮球意识。

由于成年人篮球不适合儿童身体、心理、智力和技术的协调发展，于是，1978 年我国教育界和篮球界的许多人士开始设计适宜儿童特点的篮球活动，1986 年国家体委通过小篮球形式鉴定，在我国小学多年的实验训练，结果表明，它是一种适宜儿童生理、心理特点的篮球运动形式。

（一）器材与场地

1. 篮板、篮圈

（1）篮板：篮板分为标准型和简单型。

标准型：横宽 120 厘米，竖高 80 厘米。白色，周边漆成 5 厘米宽的黑框。篮板中间再漆一宽 5 厘米的黑框，其外沿横宽 52 厘米，竖高 40 厘米，底边内沿距离板底下沿 20 厘米。

简单型：横宽 100 厘米，竖高 70 厘米，黑框画法同上。

（2）篮圈：直径 40 厘米，内沿到篮板距离 13 厘米，篮圈水平面距篮板下沿 20 厘米。

2. 篮架

（1）篮球圈距地面的高度:高年级（4~6 年级，9~12 岁）225 厘米，低年级（1~3 年级，6~9 岁）200 厘米。

（2）篮板立柱和球场端线之间的距离：篮板在地面的投影与球场端线间的距离为 80 厘米，立柱立在场外，与球场端线的距离不少于 55 厘米，与篮板投影的距离不少于 135 厘米。

3. 篮球

高年级用球：周长 58~60 厘米，重量 268~395 克。

低年级用球：周长 49~51 厘米，重量 172~300 克。

4. 球场

小篮球运动场地规格有以下两种：

（1）球场长 18 米，宽 10 米。罚球线距离端线 3.95 米，罚球线及中圈直径均为 2.4 米。

（2）球场长 22 米，宽 12 米。罚球线的外沿距离端线 4.80 米，中圈及罚球区的半径为 1.50 米（从圆的外沿算起，罚球区的形状与标准篮球场相似，罚球区的两条斜边与端线的两个交点之间的距离为 5 米）。罚球区的三个位置区（不包括分位线）均为 0.75 米，端线内沿至第一位置区的距离为 1.50 米。篮板前沿在地面上的投影线距离端线 1 米。场上各线的宽度均为 0.05 米，边线与端线的宽度不包括在场内。

（二）比赛规则与裁判法

（1）每场比赛分上下两个半时，中间休息 10 分钟。每半时分两节，每节 8 分钟，节与节之间休息 5 分钟。每队每节最多可暂停一次。

（2）比赛采取五对五的形式（同成年比赛一样），也可采取三对三的形式（低年级可在条件允许的情况下将球场适当缩短）。

（3）除以上特殊规定外，比赛规则和裁判法应尽量采用成人篮球竞赛规则；在条件不具备的地方，可适当放宽（如进攻时间不一定限制为 24 秒等），具体尺度由竞赛单位规定。友谊赛、对抗赛等小型比赛，也可由临场裁判员征得双方同意后灵活调整。

二、活动的组织与注意事项

小篮球早期启蒙训练应以运球技术作为训练的先导。小篮球活动是少儿篮球启蒙训练的一种适宜形式。要学会和打好篮球，必须有很强的控制球和支配球的能力，一名篮球运动员球性的好坏，影响其本人从事篮球运动技能的提高与发展。

篮球移动步法是篮球运动的重要基础技术之一，也是实现篮球战术目的的重要手段，正确熟练地掌握篮球移动步法对于提高在对抗中完成攻守技战术将会起到积极的作用。所以，篮球步法必须从小抓起，越早越好，否则将影响对高难度动作和对抗技术的学习。

身体素质是从事篮球活动的保障，要从儿童少年实际的生理、心理特点出发，选择一些小力量、快速的力量练习方法，发展小肌肉群的力量，以促进掌握小篮球活动的某些基础动作进度。

运用小篮球活动形式进行早期启蒙训练时，还应注意下面几个问题：

（1）7 岁以后的儿童身体发育，特别是大脑的发育很快，在完成训练内容的过程中，应适当增加难度，如增大动作的幅度、加快动作的频率等，以及在快速、有障碍和对抗的情况下完成动作。

（2）针对儿童活泼好动、求胜心强、泛化阶段长的特点，在完成一项教学时，除了采用多种方式和游戏方法以免产生枯燥感外，还必须有一定的重复次数以达到强化的目的。

（3）严把动作的质量关。小篮球的训练内容都是篮球技术的基础，所以既要注意动作的规范化，又要根据篮球运动的实际来练，这样才有价值和意义。

（4）投篮训练要规范，要重视质量。投篮是篮球运动中的关键技术，所以各个层次的训练都把掌握正确的投篮手法放在极其重要的位置。但是，由于少儿的力量较弱，故在初学时，不宜过多地进行持球投篮练习，训练强度、密度和难度都要适宜，否则容易出现持球点过低、推球等错误动作。可多做一些徒手模仿动作及持球向上、向前的模仿动作。

（5）练习时间不宜过长，练习结束后要注意放松与恢复肢体。

第二节　轮椅篮球

一、特点与作用

轮椅篮球是残疾人体育的一个重要项目，由于参赛人员均为伤残者，都需坐在轮椅上打球，故与健康人的篮球运动有着不同的风采以及与之相适应的规则。

轮椅篮球又是一个趣味性极强的运动项目。参赛队员既要控球、运球、投篮，又需驾驭轮椅行进，赛场上车轮滚滚，拼争激烈，极具趣味性。

轮椅篮球运动员在赛场上展示的那种自强不息、勇猛顽强的运动风采和拼搏精神感人至深。他们身残志坚，以其聪明才智、高超技艺、娴熟配合展现了自身勃勃生机。

随着我国经济的迅速发展和人民物质与精神文明的提高，我国对残疾人事业的关注和投入也在加大。轮椅篮球的开展，能够吸引更多的残疾人加入到轮椅篮球运动中来，这对激发残疾人自强不息、勇于拼搏的精神，培养他们身残志坚的人生信念和推进全民健身运动的深入和全面的开展，都具有十分重要的作用和意义。

二、比赛规则与裁判法

除以下特殊规定外，轮椅篮球竞赛规则均按国际篮联制定的规则执行。

（一）参赛级别

凡符合国际轮椅篮球联合会运动员分级委员会颁发的分级方法的残疾人运动员均可参加比赛，运动员分级后的分值为：1.5 分、2.5 分、3.5 分、4.5 分。

（二）对轮椅的要求

（1）1.5 分和 2.5 分的运动员，其轮椅座垫厚度不得超过 10 厘米；3.5 分和 4.5 分的运动员，其轮椅座垫厚度不得超过 5 厘米。座垫要厚薄均匀，硬度要达到可以对角折叠的标准。座位上不得附加木板或其他坚硬的设备。

（2）轮椅搁脚板前面的最高点与地面的距离不得超过 11 厘米。

（3）为了保护地面，可以在搁脚板下面安放一滚轴。

（4）轮椅座位两侧的支撑杆距地面的高度不能超过 53 厘米。

（5）轮椅应有四个轮子，两大轮在轮椅后面，两小轮在轮椅前面。包括轮胎在内，大轮子的最大直径为 66 厘米。

（6）每个轮子上必须有一个手轮。

（7）轮椅的脚垫下需安装不损害场地的保护装置。

（8）轮椅上不允许安装动力装置、刹车和齿轮。

（9）不允许使用黑色轮胎。

（10）轮椅上的扶手和其他的上体支撑装置均不得超过运动员自然坐姿时腿和躯干的长度。

（三）记录台的特殊处理

记录台应增加一个方向指示器，方向指示器上的箭头必须指向下一次出现争球时的掷界外球方向，要使双方职员、队员和裁判员容易看到。

（四）一般规定

（1）跳球时，两队的队员应将轮椅横放在距本方球篮较近的半圈内，轮椅靠近两跳球队员之间的线。

（2）除在上、下半时及每一决胜期开始时执行中圈跳球程序外，当比赛中出现争球时，两队将轮流交替由掷界外球代替跳球，原非控球队（在中圈跳球开始比赛时确定）首先获掷界外球权。

（3）三分区投球中篮得 3 分。

（4）执行罚球时，发球队员轮椅的后两大轮必须在罚球线后，而前两小轮可压在罚球线或进入限制区内，在位置区站位队员其轮椅的所有轮子都必须在罚球区的梯形线以外。

（五）违例

（1）队员与其轮椅的任何部分触到界线或界线外的地面。

（2）除手以外，身体的任何部位触及地面。

（3）由于轮椅倾斜，造成除轮胎以外任何部位触及地面。

（4）队员应在腰以下及车辆两侧或前后运球，不能在两膝间运球，否则违例。

（5）每驱车两次，必须运球一次，超过两次而没有运球的情况即为违例。

（6）进攻队员在对方限制区内的停留时间超过 5 秒即为违例。

（六）犯规

（1）使用未获准的用具。

（2）无论在死球还是活球状态，队员与对手或对手的轮椅接触。

（3）其他侵人犯规同国际篮联的《篮球竞赛规则》。

（七）技术犯规

（1）比赛中，为获得优势，臀部离开轮椅座面。

（2）比赛中，为获得优势，脚离开搁脚板。

（3）利用下肢的任何部位获得不公正的优势或使轮椅获得动力。

（4）使用不合规定的轮椅。

（5）场上五名队员的医学分级分数之和超过 14 分。

第三节　聋人篮球

目前中国有6000多万残疾人，其中有听力障碍的聋人约占1/3，是世界上聋人数量较多的国家。聋人在国际上有自己的组织，其中包括聋人体育组织，聋人篮球是聋人运动项目之一。

就残疾人参与运动而言，聋人在残疾人中属于障碍最小的人群，所以聋人篮球比赛使用的是健全人的《篮球竞赛规则》，只是在比赛中增加视觉装置，辅助比赛顺利进行。

聋人篮球是夏季聋奥会的正式比赛项目。2005年1月在澳大利亚的墨尔本举行了第20届聋奥会，我国也首次派出了男、女国家篮球队参赛，在此次比赛中，男队获得第八名，女队获得第九名。

世界聋人篮球锦标赛每四年举行一次，与聋奥会相互交错，形成世界性大赛每两年进行一次的情况。2007年在我国的广州市举办了第二届世界聋人篮球锦标赛。此外，各大洲每年也举办聋人篮球锦标赛。每年6月举办欧洲聋人篮球锦标赛。亚太地区聋人运动会中包括聋人篮球项目。

在我国，聋人篮球比赛始于20世纪50年代末期。1959年在北京举办全国首届聋人篮球赛，绝大部分省、市、自治区参加了比赛，上海队获第一名，北京队获第二名。1985年9月，在天津举办了8省市聋人“自强杯”篮球比赛，济南队获男篮冠军，天津队获女篮冠军。1986年成立了中国聋人体育协会。1986年5月，沿海开放城市举办了“新兴杯”聋人男篮邀请赛，参加比赛的单位有大连、秦皇岛、烟台、青岛、连云港、上海和福建，并邀请了漳州、徐州参加，共有200多名运动员。1986年10月，在山东省济南市举办了全国聋人“泰山杯”篮球邀请赛，有16个省市20多支男、女队的302名运动员参加比赛，山东男、女队均获冠军。

2001年至今，中国残疾人体育协会每年都举办聋人篮球锦标赛。

第四节　三人制篮球

一、特点与作用

篮球运动经过百余年的发展演变，已逐渐走进大众的文化娱乐生活之中。起源于美国、流行于美国街头、社区和学校的三人篮球赛，像中国的半场“斗牛”一样，具有浓郁的大众化色彩。任何人走上街头或社区、学校，只要有最基本的场地和篮圈，就可以随意组成三人一队进行比赛，有些国家的比赛通常在音乐的伴奏下进行，把打球、娱乐、健身和游戏融为一体。

20 世纪 90 年代以来，我国各大城市也广泛开展了这项活动，在北京、上海、广州以及其他的一些省市已形成一种传统性的篮球赛事习惯，而且盛况空前，形成了集健身与文化于一体的篮球运动大众化的独特景观。它具有普及面广、技巧性高、趣味性强和比赛周期短等特点。

（一）普及面广

三人制篮球赛参赛人数可变性大，参赛者年龄可大可小，也可以男女混合。场地设备要求和比赛规则可根据实际情况确定，比赛强度也易于自我调节。由于三人制篮球赛是在半场进行的，因此运用战术和技术不受全场整体攻守战术行动的时空制约，只要两三个人默契组合成简便的攻守配合，就可以完成一次进攻与防守。因此，比赛中个体特长易于发挥，攻守行动的活动性大，所以也便于普及推广为大众健身娱乐手段。

（二）技巧性高

三人制篮球赛的技术动作是由各种跑、跳、运、传和投等基本技能所组成的。以积极争夺控球权为手段，以投篮为目的，双方既同场竞技，又攻守交替，共用一个篮圈，并在同一篮圈下有限的空间内进行争夺，技巧性高，其中个人控制和支配球的时间相对增加，技术和战术的应用更具有灵活性。

（三）趣味性强

三人制篮球是一项趣味性较强的运动。进攻得分是篮球比赛最佳的自我情绪体验。在三人制篮球比赛中，由于人数减少，攻守面积增大，因此强调得分是三人制篮球赛的重要方面。在战术方法中，两三人间的基础配合作为战术方法的主要内容，不乏趣味和精彩程度，更能满足和实现参赛选手的自我表现欲望。总之，三人制篮球赛是一项以基础配合为手段、强调得分、充分体现篮球趣味性的运动项目。

（四）比赛周期短

由于三人制篮球参赛队数量多，主办单位往往采用分组循环进行编排，把参赛队分成若干小组，各小组进行单循环赛，排出各小组的名次。如第一阶段的预赛是分两个小组进行的单循环赛，那么第二个阶段可把小组前两名编在一组争夺第一到第四名，把小组的第三、第四名编在一起争夺第五到第八名，其余类推，以此来缩短竞赛周期。

总之，三人制篮球所体现出的健身娱乐休闲等特点深受大众的喜爱。作为一种大众性的运动形式和手段，三人制篮球已经引起广大体育健身群体和学校社区民众的重视。通过进一步推广和普及，能够使其为全民健身运动的开展发挥更大的作用。

二、比赛方法与规则

（一）比赛方法

三人制比赛，每队三人出场，另有一名替补队员。比赛分为上、下半场。每半场 7.5 分钟或者 10 分钟，也有采用先得 22 分为胜的方法。场上设三分区，在三分线内投中得 2 分，在三分线外投中得 3 分，罚球命中得 1 分，比赛中不得扣篮。

（二）比赛规则

三人制比赛，目前国际上尚未统一比赛规则，中国篮球协会于 1999 年颁布了《“三对三”篮球竞赛规则（试行）》：

1. 场地

标准的半个篮球场地（14 米 ×15 米），或按半场比例适当缩小（长度减 2 米，宽度减 1 米），地面平整、坚硬，场地界线外有 1.5~2 米的安全地带。

男子成年及女子高中以上、男子初中以上（含初中）青年组的球篮高为 3.05 米，女子初中及男子小学组的球篮高为 2.08 米。

2. 工作人员及职责

（1）设 1-2 名裁判员和 1 名记录员。

（2）裁判员和记录员着装一致，但其着装颜色、款式应区别于运动员。

（3）裁判员是比赛中唯一的宣判和终决人员，负责在记录表上签字。

（4）记录员兼管计时、记分，记录两队累积的分数（包括投篮和罚球的得分）、全队及个人犯规次数以及比赛时间，并按规则要求宣布比赛进行的时间和比分。

3. 除下列特殊规则外，比赛均按照当年的最新国际篮球规则执行

（1）比赛双方报名为 4 人，上场队员 3 人。

（2）比赛时间。初赛、复赛不分上、下半时，全场比赛 10 分钟（组织者可根据参赛队的多少修订时间为 12 分钟或 15 分钟，比赛进行到 5 分钟和 9 分钟时，计时员各播报一次时间。

10 分钟内双方都不得暂停（遇有球员受伤，裁判员有权暂停比赛 1 分钟）。决赛分上、下两个半时，每半时 8 分钟，上半时之后休息 2 分钟再进行下半时。

（3）比赛开始，双方以掷硬币的形式选发球权。

（4）比赛开始和投篮命中后，均在发球区（中圈弧线后）掷球入场，算作发球。

（5）每次投篮命中后，由对方发球。所有犯规、违例及界外球均在发球区发球，发球队员必须将球传给队友，不能直接投篮或运球，否则为违例。

（6）守方队员断球或抢到篮板球后，必须迅速将球运（传）出三分线外方可组织反攻，否则判违例。

（7）4 秒违例的规则改为 20 秒。

（8）双方争球时，争球队员分别站在罚球线两侧跳球。

（9）比赛中，允许每名队员有三次犯规，第四次犯规罚出场。任何队员被判夺犯规权，则取消该队比赛资格。

（10）每个队累计犯规达五次后，该队出现第六次及以后的侵入犯规均由对方执行两次罚球。前五次犯规中，凡对正在做投篮动作的队员犯规时，如投中则记录得分、对方个人及全队记犯规次数，不追加罚球，由守方发球；如投篮不中，则判给攻方一次罚球，罚中得 1 分，并由攻方继续发球。如罚球不中，由攻方发球。

（11）只能在死球的情况下进行替换，被替换下的队员不能重新替换上场（场上队员不足三人时除外）。

（12）比赛中，队长是场上的唯一发言人。

（13）比赛时间终了，得分多者为胜方。如出现平局，初赛及复赛阶段执行一对一依次罚球，只要出现某队领先 1 分时即为胜方，比赛结束。如果在决赛阶段，比赛时间终了，双方打成平局，则加赛 3 分钟，发球权仍以掷硬币的形式决定。如果加时赛仍打成平局，则以一对一依次罚球的形式决胜，某队领先 1 分即为胜方，比赛结束。

（14）在使用小篮架的比赛中，不允许队员出现扣篮动作，绝不允许队员将身体的任何部位悬挂于篮圈（或篮架）上，否则可判罚离场并不能再替换进场。

（15）比赛中应绝对服从裁判，以裁判员的判罚为最终决定。

（16）此规则适用于我国各种级别的三对三比赛，解释权归属中国篮球协会。

第五节　投篮、扣篮与双人投篮比赛

一、投篮比赛

篮球比赛是以投篮命中得分多少决定胜负的，准确、优美的三分投篮技术激动人心，使场上与场下的运动员与观众到达比赛高潮，给人以巨大的鼓舞与愉悦。组织投篮比赛能够促进并提高投篮的准确性，增加篮球比赛活动的内容，增加观赏性、娱乐性和趣味性，同时亦可达到鼓励远投并提高远投水平的目的。

规则与方法简介：

（1）在三分区外两边 0°、45° 与正中弧顶共设置五个投篮架，每个架上放置 4 个普通球和 1 个彩球。

（2）队员从一侧 0° 开始，依次投出 4 个普通球和 1 个彩球。第一位置区投完后移至第二位置区，第二位置区投完后移至第三位置区（弧顶），依次将 5 个区的 25 个球投出。

（3）要求在 1 分钟内将 25 个球投完，到时后未投完的球不能再投。

（4）投中一个普通球得 1 分，投中一个彩球得 2 分，总分为 30 分。

（5）比赛采用预、决赛办法。预赛得分多的前三位进入决赛，决赛时得分多者名次列前，取前三名给予奖励。

（6）NBA 的三分球投篮大赛是全明星周末的新项目，邀请 8 名前半个赛季三分球命中率最高和投入三分球最多的球员参赛。

二、扣篮比赛

运动员身体素质的提高，尤其是弹跳与身体滞空能力的增强，为在高空运用不同姿势和手法进行扣篮奠定了基础。在篮下扣篮不仅得分率高，而且难以防守，容易造成对方犯规的情况，而巧妙配合下的高空接球扣篮更具观赏性。组织扣篮比赛不仅是为了推进扣篮技术的发展，更重要的是鼓励运动员增强全面的身体素质，推崇创新精神，推动篮球运动向更高、更强、更美的方向发展。

规则与方法简介：

（1）只要是规则允许的动作，不带球走、不两次运球违例，运动员在半场内任何一个位置和任何一个角度运球起动，按正常步伐腾空扣篮、打板后空中接球扣篮、运球反弹跳起接球扣篮、反扣、正扣、单手扣、双手扣，以及在空中变换动作或换手扣篮均可。

（2）扣篮比赛分为预赛和决赛。预赛中每位队员扣篮 3 次，以得分最高的一次为预赛得分。预赛得分最高的三位参赛者可晋级决赛。决赛中每人有两次扣篮机会，也只计其中成绩最好的一次。

（3）五位专家组成的裁判组对每位运动员的扣篮动作进行技评评分。技评依据弹跳的高度，空中滑行的远度，动作的难度，完成动作的准确度、力度、伸展度以及美感等综合评分。满分 10 分，参赛者最高可得 50 分。

（4）比赛采用预赛、决赛方式。预赛采用抽签分组方式排序。决赛的出场顺序则按预赛的成绩而定，排名低者先扣。决赛分值高者名次列前。

（5）NBA 的全明星扣篮大赛推举 6 人参赛，冠军被称为“扣篮王”。

三、双人投篮比赛

双人投篮比赛是投篮比赛的另一种形式，它将远投、中投、近投和不同位置、不同角度综合起来进行投篮的比赛。目的是推动投篮技术的提高和增加趣味性、观赏性。双人投篮比赛讲究技术与合作精神，同时也是一种很好的投篮训练方法与考评运动员投篮技能的方法。

（一）轮转比赛法

（1）在半场范围内，在限制区与三分线内外不同位置画出七个圆圈。

（2）比赛时每队由一男一女组成，两人投篮得分之和即为该队的得分。

（3）比赛开始前，女队员在①区，男队员在⑦区。比赛开始，女队员在①区投篮，自投自抢后将球传给⑦区的男队员投篮，男队员自投自抢后将球传给跑入②区的女队员投篮，女队员自投自抢后将球传给跑入⑥区的男队员投篮，依次轮流，共投篮 1 分钟。①区投中得 1 分，⑦区投中得 3 分，其他各区投中得 2 分。

（4）比赛分预赛、决赛。预赛得分高的两个队进入决赛。决赛分数高的球队名次列前。

（二）投篮比赛法

（1）在半场的七个圆圈内设定不同的分数，分值分别为 1、3、5、7、9、11、13。

（2）运动员可在任意一个圆圈内投篮，投篮后可以抢球，然后将球传给跑到任一圆圈内的同伴。同伴投篮后自抢，依次进行投篮至 1 分钟结束。

（3）运动员在哪一圈内投篮，投中即获得相应的分数，两人得分之和即为本队得分。得分高者名次列前。

（4）在美国 NBA 联赛过程中，有时也安排一些有巨额奖金的各种名目的比赛，比如幸运观众比赛、中圈投篮比赛等等，主要为了使比赛更加丰富、活跃、吸引观众。

第六节 其他形式的篮球活动

一、水上篮球

在游泳池的两端设立篮架，使用适宜在水上漂浮的特制篮球。比赛双方各由六人组成，有男有女，女运动员不得少于两名且不能多于四名。各队戴不同颜色的帽子，以示区别。

水上篮球比赛在标准的游泳池中进行，篮圈高度距水面 2 米。比赛时运动员坐在一个特制的充气轮胎上进行传球和投篮。女队员投中得 2 分，男队员投中得 1 分。比赛分为三节，每节 10 分钟，两节之间休息 5 分钟，以投篮得分多少决定比赛的胜负。

这一项目在关岛非常普及。活动时，运动员既可以享受搏击水面的乐趣，又可体验篮球运动的趣味。具有很强的娱乐性与观赏性。

二、无板篮球

在东南亚的一些国家，流行一种无篮板球架。篮圈高度、大小等均与正规篮球架相同，区别在于篮圈背后不设篮板。这种篮球架设在街头空地或别墅花园、草坪之内，不受场地大小和地面质地的限制。无板篮球架主要用于投篮比赛，要求投篮尽可能空心入网，满足人们远距离投篮命中的愉悦心理，同时也可以培养运动员投篮的准确性。这项运动在英国等一些欧洲国家的女子中学非常流行。球场长 30 米，宽 15 米。球场两端有一个半径为 5 米的半圆，是投篮区。立柱高 3 米，顶端有一直径 38 厘米的圆形篮圈。比赛双方各有 7 名队员，对每名队员的活动范围和职责都有限制，球只能在球员间传递，不得持球前进。每场比赛分为 4 节，每节 15 分钟。也可以分为两节，每节 20 分钟。

三、荷兰式篮球

荷兰式篮球球场长 90 米，宽 40 米，分中场和各方的后场三等分。篮圈装在一根高 3.5 米的柱顶，用柳枝和藤条编成。底线中点向场内 14 米的地方有一罚球点。

比赛每方有 12 人，6 男 6 女。规则规定：盯人和拦截球时只能在同性之间进行，不准有任何身体接触。另外，球在手中既不能拿着走，也不能像篮球那样拍着走，只能及时传给队友。当一方在自己后场犯规时，对方将在罚球点上直接投篮。整场比赛为 90 分钟，分为上、下半场。

四、冰上篮球

冰上篮球于 1985 年出现在英国，每场比赛分为 4 节，每节 15 分钟。比赛双方各出 5 名运动员。篮圈是个木盒子，吊在场地上方。规则十分简单，可以采取任何形式去争抢篮圈，因而经常发生运动员冲撞和挤成一团的情况，场面犹如橄榄球赛。

五、乒乓篮球

乒乓篮球出现在日本。球台长 1.2 米，宽 0.6 米，网高 8 厘米。在台面中间线的两端，各设置一个带网的篮圈，圆孔直径为 10 厘米。比赛采用三盘两胜制，使用普通的乒乓球拍和乒乓球。规则类似乒乓球运动，每进一球得 1 分，先获 11 分者为胜。不同于乒乓球的是，发球不用球拍，而是用不拿拍的手将球抛在自己一侧的台面上，让球越过球台，进入对方台面，球在无弹跳的情况下直接打入对方的篮圈内，一次可得 2 分；球拍和身体的任何部位在球台上方触及到对方打来的无弹跳球为犯规，判罚 2 分，其他犯规判罚 1 分。

第十章　高校篮球运动现代发展的探索研究

第一节　篮球运动创新能力的培养研究

一、影响篮球运动创新能力培养的因素

篮球运动创新能力的培养是研究生培养阶段的主要任务之一，也是研究生培养质量的主要特征。培养篮球研究生的创新能力，除了研究生自身的因素外，外部培养环境是最重要的影响因素。要营造一个良好的培养环境，仅仅靠增加篮球教学环节、改革篮球教学内容是远远不够的，更要在制度上形成培养篮球研究生创新能力的体系结构，从内因和外因的相互关系出发，确立健全的研究生培养教育制度。

（一）体育院校的内外教育环境

从培养单位教育的外部环境来看，主要来自已有的文化传统。突出地表现在文化上注重人与社会的协调和偏重“中庸”的思维方式。从教育内部环境来看，主要来自我国长期的教育体制、体育院校的运作模式、篮球教育的目的、教育课程体系、教学过程等方面。体育院校的教育内部环境是影响我国篮球运动研究生创新能力培养的主要因素，具体包括以下几个方面：

1. 篮球运动培养管理体制过于僵化

篮球管理本来是为了提高我国篮球高级人才的培养质量，为我国篮球运动的发展提供更好的服务。但事实并非如此，一旦篮球培养管理规章制度建立，管理者就会要求事事服从管理规章，要求管理对象服务于管理者。管理者为了避免麻烦，而把超出常规的需要拒之门外，篮球运动的制度化程度越高，其负面影响越明显。篮球运动的创新性，特别是具有突破性的创造性产品的产出往往具有非常规的特点，带有与众不同的个性。我们往往对篮球运动的这种含有创新能力的特性的意义认识不清，但凡超出我们经验范畴的行为方式，常常被视为“怪异”，加以忽视甚至扼杀。更为矛盾的是，这种与众不同的创新能力个性

往往与既成的制度相冲突，在现有的篮球运动教育制度中没有这种个性能够生长的环境。因此，本来是为了人的管理却变成了人为了的管理。在这个过程中，篮球运动的创新能力受到了僵化的篮球管理制度的扼杀。所以，怎样建立一种以人为本的篮球培养管理制度，让管理根据篮球研究生的发展需要以及时代的发展需要做出灵活、因人而异的调整，是急需探索和论证的。

2. 篮球运动教育体制过于陈旧与刻板

篮球运动创新总是和学生自主学习结合在一起，没有了学生自主支配的时间和空间，培养导师主宰了一切，创新能力就无从谈起。因此，要想有效地培养学生篮球运动的创新能力，就必须极大地改善师生之间的教与学的关系，充分调动师生双方的积极性，锻炼开拓研究生的创新思维。

3. 篮球运动教学体系无创新、无突破

创新从来就不是空洞的，而是依附于一定内容，存在一定情景的。信息内容作为创新的原料，对创新起着重要的支持作用。从某种意义上来讲，创新是知识的重新组合，它是把先前已有的知识从既定的结构中分离出来，然后在全新的组织中产生全新的系统，因此，创新离不开知识的占有，具备和掌握多方面知识尤为重要。传统教育对学生创新精神的扼杀集中体现在篮球教学中的以下几个方面：

（1）整齐划一的篮球人才培养模式

目前大多数体育院校仍采用统一的篮球研究生培养教学计划、统一学制、统一管理的整齐划一的人才培养模式，包括教育的筛选标准、内容标准、评价标准基本上是一致的。在这种操作模式中，个体之间的差异极易被忽视，个体的创造热情也极易被扼杀，更谈不上篮球运动创新能力的培养了。

（2）不尽合理的课程结构和设置

目前，体育院校的篮球课程结构和设置还很不适应现代科技和创新对人才能力的要求，如必修课太多，选修课太少，选课自由度不够大；专业选择缺乏自由，不能因材施教，不利于发挥学生的特长和调动学习的兴趣，专业基础课不够广泛和深入；流于形式的课程太多，课程负担太重，使大部分学生的精力只能应对规定的课程，没有时间思考与专业（篮球运动创新）相关的问题。换言之，在学完规定的学分、忙过各种考试之后，他们最后一点灵感和激情也消失殆尽了，这种课程结构和设置的固化不利于调动学生的兴趣和创新能力的培养。

（3）单一的篮球教学方法和手段

传统的篮球教学方法大多是采取灌输式，讲课方式缺乏讨论性、活动性、研究性和创造性，缺乏对创造过程的讲评和创造性思维的引导，缺乏从平凡到成功的过程实例的剖析和对学生的鼓励。

（4）篮球实践教学环节薄弱，缺乏创造技法训练

实践教学是学生树立工程意识、培养学生实践能力和创新能力的关键环节。目前学生普遍抱怨“缺乏专门供学生进行创造实践活动的环节和时间”“实验课没有真正发挥作用”“相关专业知识讲座太少没有足够好的发挥创造力的条件”“缺乏与篮球创新教育相应的环境和空气”等。这些情况的出现在一定程度上制约了我国篮球运动创新能力的培养。

（二）国外先进的篮球研究生教育体制对我国的影响

在国外研究生的教育体制中，美国的教育体制比较先进，也很有代表性，有很多值得借鉴和学习的地方。美国的研究生教育是一个不断实施教育创新、积极推进基于创新性人才培养的教育模式和教学方法改革的过程，其最终目的是培养一大批能够参与全球化经济与科技竞争的创新性、高层次性、专门性人才。也就是说，美国研究生教育创新是在全球经济一体化与人才竞争全球化相结合的平台上进行的。这种研究生教育的模式对我国各类研究生的培养会起到很大的促进作用，并提供有益的借鉴。它有以下主要特点：

1. 学校重视研究生创新能力培养，教育偏向国际化

在美国的大学，尤其是研究型的大学，从校长到教授都十分重视培养研究生的创新意识，学校鼓励和支持教授在这方面的新思路、新方法、新模式和新途径。同时，美国的大学教授普遍与社会、企业、市场之间联系密切，学术视野广阔，可为研究生打开许多启迪思维、训练能力和培养创新意识的探究式“窗口”和“接口”，营造培养创新能力的学术氛围。学校通过各种活动，不断推进研究生教育与社会、企业、市场以及国际多种层面的交流，不断扩大学校的开放程度，并实施教师国际化、学生国际化、教学内容国际化以及实践场所国际化等举措，把许多新理念、新思维、新进展、新技术、新需求吸收到研究生教育中来。

2. 强化研究生的现代化创新教育，密切关注市场需求

学校和教授根据对人才市场需求变化的研究和预测，探索研究生培养的教育模式和教学方法创新，使研究生教育现代化，其中包括学习环境、教学方式、科研手段、技术设备、学术交流和教育管理的现代化等，要求学科建设、专业调整、计划修订、课程改革、教材更新等方面与教育现代化相适应。以计算机网络技术为代表的信息技术的发展，更为研究生教育现代化提供了良好的条件。

3. 紧跟科技发展步伐，强化研究生教育的复合性

围绕当今科学技术的发展，从不同的层次或一定层面上实现研究生教育的学科交叉和融合。美国大学的教授要经常开设许多知识新颖、前景广阔、学科交叉性强、水准很高的

研究生课程和学术讲座，尤其是科技领域中出现的新热点、新交叉点，都会及时地反映到研究生教育中来。随着社会对人才需求的变化，各个学科更加重视和鼓励研究生跨专业选课、跨学科学习，使研究生对科技前沿和重大科技问题具有浓厚的兴趣、敏锐的眼光、果断的判断力。

4. 以人为本，促进研究生教育向多元化发展

美国研究生教育的实践表明，积极推进多元化是调动社会参与人才培养的主动性、缩小高层次人才教育与社会需求之间距离的有效办法。其中包括研究生的培养目标、培养模式、学科结构、课题研究多元化以及跨领域联合培养研究生等。考试考核也十分注意从多元化的角度评估研究生质量，特别是通过让研究生完成多项专门课题和具有相对强度的实际项目的研究，锻炼和评估研究生自主分析和解决问题的能力、创新探索的精神和团队合作的意识。从美国的经验中，可以清楚地看到，在研究生教育过程中，最重要的是提供有利于创新的学术舞台和学术氛围，探索适合于创新人才培养需求的教育模式和教学方法。

5. 适应竞争，促进研究生教育向个性化发展

有导师指导的个性化，导师更多地体现自身的优势和特长；也有学生设计的个性化，学生根据市场经济对人才的需求和自身特点自主设计自己；还有学科教育的个性化，不同学科根据本领域的发展趋势来规划研究生教育的模式和方式等。因此，美国的大学十分重视和鼓励研究生用自己的方式分析和处理问题，鼓励学生个性化成长。教授在组织教学和指导研究生课题的过程中，力求使课程学习与交流技能相融合、课程学习与课题研究相结合、研究生个性发展与在实际科研中的研究生群体合作训练相结合。

从以上五点我们可以看出，国外先进的研究生教育经验，对我国篮球研究生教育无疑也是一个启迪。尤其是在篮球研究生创新能力的培养方面，更值得我们思考和借鉴。应该看到，目前我国的体育教育训练学（篮球）研究生的教育与发达国家相比在各个方面还存在较大差距。因此，在我国篮球研究生教育中，应该适应研究生教育的国际化、多元化、现代化和个性化趋势，推动我国篮球研究生教育和篮球运动创新能力培养体制的改革，这是摆在我们面前急需探讨和解决的重大问题，篮球研究生教育体制的改革势在必行。

（三）我国篮球研究生教育管理制度创新不足，不能保证培养质量

事实表明，制度是保证任何事物按自身规律正常发展的最深层次的内在原因。在我国篮球运动研究生的培养过程中，长期以来，用一个传统的“模块”实施对篮球研究生的管理和评估是制约导师对篮球研究生进行创新能力培养的障碍。因此，为了改善篮球最高层次人才的培养质量，我们在篮球研究生的教育中要一手抓“管理”，一手抓“创新”，培养单位和导师应该加大力度支持创新、鼓励创新。近年来，由于我国研究生教育体制的落后，

不适应世界研究生教育的发展趋势，国家和培养单位等缺乏全面改革研究生教育制度的创新，比如弹性学分制、完全学分制、导师转换制、风险选题制、硕士生和博士生学位论文创新成果评价制等具体制度还没有在篮球研究生的培养中加以采纳。因此，这些篮球研究生培养制度创新知识的缺乏，会大大阻碍我国篮球研究生的培养质量和篮球运动创新能力的培养速度。在这一进程中，国家管理机构、各体育院校和培养单位必须在各个层面上形成合力，尤其是要从教育管理制度上提供资金、优厚条件和优惠政策，以达到支持和保护导师的创造热情和实践活动的目的，最终创建21世纪中国体育教育训练学（篮球）研究生教育管理制度和建立篮球教育、教学互动发展的良性机制。

二、篮球运动创新能力培养的实施方法

培养研究生的创新能力已成为我国研究生教育的核心。树立创新教育观念、强化和激发研究生的创新意识、加强学校学科建设和导师队伍建设、重视培养过程中创新能力的培养、做好科研和论文阶段创新能力的培养以及加强研究生实践环节等是培养研究生创新能力的有效途径和方法。

（一）改变传统的篮球教育体制，为创新能力开辟新渠道

1. 改变传统的教育思想，树立创新教育新观念

树立创新教育观念是开展创新教育的前提。创新教育观念从根本上包含四个方面：以人为本的教育观念、以学生为主体的教学观念、促进学生全面发展的质量观念、培养创新人才的教育价值观念。要在体育院校和培养篮球研究生的单位有效地推进创新教育，其先导是从导师、教学管理人员到广大研究生都切实需要转变单纯以继承为中心的教育观念，正确认识和处理继承与创新的关系，以人的发展为本，开发人的创新能力，加强学生创新精神和实践能力的培养；在教育目标上，要转变传统的以传授知识、发展以智力为中心的教育观念，融传授知识、培养能力、提高素质为一体，协调发展；在培养模式上，要建立起多样化的创新能力的培养模式，采取灵活、有效的培养方式，为篮球运动创新能力的成长创造良好的条件；在教学内容上，要转变以狭隘的专业教育为中心构建课程系统的教育观念，加强基础，拓宽口径，增强适应性；在教学方法上，要转变以教师为中心、以灌输知识为主的教学方法，强化学生的主体意识，积极发挥学生的主体作用。总之，要真正把创新作为篮球研究生教育的出发点和归宿，树立一切培养工作都要立足于培养研究生的创新意识与创新能力的创新教育观念，并将此作为提高我国篮球研究生质量的重要标准之一，纳入研究生综合成绩的评定体系。

2. 培养篮球研究生存疑和求异的思维方式

“存疑”，就是对前人、权威专家等已经做出的各种结论、观点、理论敢于从一定的理论高度进行怀疑，并提出自己的看法和疑问；“求异”就是敢于提出与别人不同的观点，敢于“标新立异”。“存疑”和“求异”综合起来，就是一种发散的思维方式。对篮球研究生来说，它不仅是重要的思维方式，也是一种非常可贵的品质，亦是培养创新能力的必备条件。试想，如果对已有的结论、观点、理论不敢提出怀疑，认为凡是上了书的、导师或权威讲的就都是绝对真理，不敢有丝毫的怀疑，又不敢用与众不同的思维方式去考虑问题，不敢想别人没有想过的事，按照这样的思想和模式培养出来的篮球专门人才怎么可能创新？因此，在加强素质教育培养的过程中，要着重培养篮球研究生“存疑”和“求异”的思维方式和品质。

3. 把创新性教育贯穿到人才培养的全过程

篮球运动创新能力和创新意识的培养，绝不是通过几门必修课、选修课和限选课就可以培养出来的，而是要通过研究生培养教育的全过程来实现。尤其是在学校首先要形成一种有利于创新意识和能力培养的学习环境和氛围，使学生在校接受教育的全过程的每一个教学环节和步骤都有利于培养学生的创新意识和能力。

4. 加强篮球教学方法改革，体现创造性的篮球教学

研究生是学习和发展的主体。因此，体育院校和培养单位要深入研究如何调动研究生的学习主动性、操作的独立性和思维的创造性，特别是在如何提高学生的自我完成能力、独立研究能力和发展创新能力等方面，从研究生教育的培养制度上建立一整套实施细则。要体现创造性的篮球教学，首先要强调改进篮球教学方法，以体现师生互动、注重篮球教学过程和强调差别的创造性篮球教学原则。其次，鼓励教师凭借自己的学识、智慧和创造能力，使课堂教学在开放、宽松环境之中进行，让课堂保持活力，使学生敢想、敢说、敢问，充分展示教师教与学生学的双边互动、协调配合关系。最后，要发挥导师的主导教育作用，综合运用多种体育教学方法，引导研究生发现问题、研究问题、解决问题，让研究生感受到探索真理的方法和乐趣，在传授篮球及相关科学知识的同时，重点培养篮球研究生的创新性思维能力，并且使实际的篮球教学过程表现出一种具有创新性的社会实践艺术，只有这样才有利于激发学生挖掘篮球运动新知识和进行科学研究的兴趣。

5. 注重篮球实践的教学，促使创新能力的培养

篮球实践教学是实施创新教育、提高研究生创新能力的重点，是研究生树立工程意识、培养研究生篮球实践能力和创新能力的关键环节。首先，通过学习篮球运动的基本知识、相关学科的知识、校内综合教学试验、观摩课、公开课、课程设计与毕业论文设计、校外社会实践等教学实践环节，逐步培养和提高研究生的基本学习能力、综合分析能力和操作

的创新能力。其次，在篮球实践教学中，还应注重培养研究生科学的思维习惯和严谨的学习、工作作风，提高研究生观察问题、分析问题和解决问题的能力；与此同时，注重更新篮球实践教学内容，增加综合性、设计性和创新性教学与实践；大力提倡篮球实践教学与科研课题相结合，走产、学、研相结合的道路，使之成为对我国篮球运动有新发展的社会生产力，突出体现篮球研究生在篮球实践中的自主性和创新性。

6. 改变和创新我国篮球运动研究生培养的管理制度

现代管理学理论指出，创新管理的真谛在于发挥人的价值，挖掘人的潜能，发展人的个性。尤其是在这个呼唤创新精神的时代，篮球教学管理更应当最大限度地发挥研究生及各个层次从事篮球运动人员的积极性、主动性和创造性。因此，篮球教学管理的目的应“以人为本”，从而有利于形成科学、严谨、生动、活泼、宽松的研究生成长氛围，以利于培养研究生的创新能力。在体育院校要全面推行完全学分制，改革统一要求的、过于僵化的篮球教学管理模式，变硬性管理为弹性管理。全面推行选课制，实行课堂开放、分层次教学，将必修课分成不同层次、不同模块供学生选课，给予学生选择学习课程的自主权，为学生的个性发展留下足够的自主权。管理上既能明确体现对全体研究生的基本要求，又能为研究生挖掘潜力、发展个性、脱颖而出创造条件。建立有利于研究生创新能力发展的人才评价机制与激励机制。要改变以掌握知识的多少来评价研究生质量的通常做法，建立一套能充分体现研究生创新意识、创新素质和创新能力的评估内容、方式、方法和标准，将研究生的创新能力作为一项重要评价指标列入研究生综合素质的评价内容。评价内容大体包括各项篮球实践活动、科技竞赛和科技成果、发表科研论文、科技发明、专利等，制定激励创新能力培养的政策，形成激励创新型人才脱颖而出的管理制度和育人环境。

7. 体育院校为篮球研究生的个性化发展提供广阔的空间

如同平庸蕴含于标准化之中一样，创造性也蕴含于个性的发挥之中。篮球研究生个性的发展离不开各种生活、学习、科研环境，是在各种生存环境相互刺激的过程中形成的。环境如果不断刺激一个人做出主动的、独特的反应，为他提供个性发展的机会，那么他的个性自然会得到较为充分的发展。反之，如果环境总是对个体富有个性的、独特性的表现做出否定的反应，一个人的个性自然就会收敛，甚至会被浇灭。篮球研究生创新教育，一定要营造鼓励研究生标新立异、有利于他们自由表现的宽松的文化知识氛围。体育院校要为师生双方建立起自由交流、获取知识信息的学术场所，注重创造浓厚的学术氛围，比如不定期地举办科技节、科学报告会、创新成果展和各种形式的学科竞赛等，从而激发研究生的创造欲望，营造我国篮球研究生创新能力培养的校园文化氛围。

（二）强化和激发篮球研究生的创新意识

创新意识是创新能力培养的前提。目前篮球研究生缺乏创新意识和创新的热情，原因大体有以下几点：一是我国传统的教育思想和教学模式不重视学生创新能力和创新意识的培养，学生创新的思维受到了很大束缚。二是学生的知识结构和能力结构制约了创新意识的萌发，研究生普遍存在知识面窄，动手操作能力、科研能力差的现象。三是没有有效激励创新的奖励机制，不能很好地调动研究生的创新积极性。因此，培养篮球研究生的创新能力，首先要注重篮球研究生创新意识的激发，多层面强化学生的创新意识。

1. 加强对篮球研究生的政治思想教育，增强学生振兴中国篮球运动发展的历史使命感和责任感，培养和激发其创新意识和创新热情。

2. 着力构建与创新教育相适应的知识结构和能力结构，在篮球研究生培养的各个教育实践环节上，强化研究生的创新意识。

3. 建立有效的激励创新机制，鼓励和支持篮球运动创新，并通过严格的竞争和淘汰机制来调动篮球研究生创新的主动性和积极性。

（三）加强学校、导师队伍的学科建设

我国篮球运动创新能力培养的实现程度是建立在高水平的学科带头人队伍和高质量的学术成果之上的。当前，我国篮球研究生创新能力培养的主要领域有篮球学科的前沿领域、篮球学科与相关学科的渗透领域和多学科的交叉领域。篮球研究生创新能力的培养必须从学校的篮球学科建设抓起，关键是抓好重点学科建设，扶植和发展相关的新兴、交叉学科。通过以篮球重点学科为中心带动其他学科，提高教学和科研水平，促进篮球学科整体水平的提高，形成合理的学科体系。创新教育对研究生导师队伍提出了新的要求，主要包括以下几个方面：

1. 注意提高导师队伍自身的创新能力与学术水平

创新教育要求研究生导师自身必须具有很强的创新能力和科研能力，具有深厚的学术造诣，对多种学科前沿问题要有深入研究，对与篮球学科相关的知识要有一定的了解。这样才能够把研究生带到学科前沿，带到创新领域，才能收获创新的见解和创造性成果，真正激发研究生的创新能力。

2. 推行集体指导和联合指导研究生的制度

要积极吸收一些校外、国外交叉学科的专家参加研究生指导小组，鼓励集体指导和联合培养研究生。这样可以使研究生学习多位指导教师的精髓，开阔学术视野，活跃创新思维，培育创新思维能力。本着对研究生负责的态度，实行导师能上能下制度，保证导师队伍的高素质、高水平、高质量。

（四）重视教育过程中创新能力的培养

1. 加大篮球研究生教学改革力度，探索新的教学方法与模式

通过案例教学、讨论式教学、辅助性教学、教学训练实践、专题讲座等多种形式，使学生在课程教学中由被动接受转化为主动参与，实现角色的转变。与此同时，篮球研究生的课程教学应更多地运用现代化的教学手段，如多媒体教学、计算机辅助教学等手段改革篮球研究生的教学内容。

2. 改革篮球研究生的教学内容

研究生的教学内容应着眼于研究生创新所应具备的基础知识和基础理论知识，着眼于学科及交叉学科的理论前沿，着眼于篮球学科发展中的实际问题，着眼于篮球学科最新的技术、战术、基本理论、世界篮坛的发展趋势和篮球运动自身的发展规律，跟踪篮球学科发展的最新动态，从而激发学生的创新能力和创新激情。

3. 改革篮球研究生的课程考试评价方式

研究生的课程考试应着重考查学生发现问题、分析问题、思考问题及对问题提出自己独特见解的能力。篮球研究生的课程考试应根据不同性质的课程采用不同形式的质量评价体系，如课程设计、专题讨论、论文、训练比赛实践活动、读书报告等。

（五）加强篮球研究生教育实践环节创新能力的培养

篮球研究生的实践环节包括教学训练实践、学术实践和科研实践三个部分。

提高实践环节的要求，是研究生创新能力培养的重要途径。研究生中有相当一部分是应届生，直接参加社会生产实践的机会较少，因而缺乏实践经验和解决实际问题的能力。在研究生的培养过程中，必须根据不同的生源采取不同的培养模式，提高对研究生教学训练实践的具体要求。学术实践包括国内外学术交流、学术报告、查阅文献资料、举办专题讨论、撰写论文等。这些环节不仅能开阔学生的视野，而且还有助于学生了解篮球学科的最新动态、前沿理论知识。因此，对研究生在学校期间参加学术交流、听学术报告、参加专题讨论的次数及阅读专业文献的数量等应有明确的规定和要求。研究生的科研实践，主要是实验研究及撰写学位论文工作，这是培养研究生创新能力的中心环节。研究生通过独立的科研实践，可以不断地培养和提高自己的创新能力。

（六）做好科研和论文的工作

1. 抓好论文选题过程中创新能力的培养

研究生论文写作的关键是选题。选题的过程就是发现问题、提出问题、分析问题的思维过程，是一个创新的过程，也是培养和提高研究生创新能力的过程。研究生在导师指导下，通过广泛的调查研究，查阅大量的文献资料，并在此基础上确定自己的论文选题。研

究生通过文献综述，分析、对比前人的研究成果，找出需要研究的问题作为研究内容，并对即将进行的研究从内容到研究方法、研究手段、需要的仪器设备及预期成果进行可行性分析和论证。论文选题要通过开题报告进行创新论证，专家小组对研究生论文选题的科学性和前瞻性、研究方法的可行性及预期创新成果的可行性，要进行全面、深入的分析、把关，以保证篮球研究生学位论文有一个比较高的起点和比较深的层次。

2. 做好科研过程创新能力的培养系统

篮球科研过程是研究生进行创新见解和推出创造性成果的过程。在科研过程中，研究生应自觉地进行多种能力的培养，培养自己综合运用所学的知识分析、解决实际问题和理论问题的能力；培养严谨的治学态度和追求真理、锲而不舍的科学精神；培养掌握科学的科研方法、使用现代化的先进篮球教学训练和比赛的技术手段以及现代化仪器设备的能力。

第二节　信息技术手段在篮球运动中的应用

一、现代信息技术概述

现代信息技术是以计算机和远距离通信工具为手段，对以文本、图像、视频等数据所承载的信息进行采集、加工、处理、传输、变换、存取直至应用的一系列技术。其核心技术主要包括计算机技术、现代信息技术、通信技术等，它可以延伸人的感觉器官采集信息功能、神经传导信息功能、思维器官处理信息功能及效应器官使用信息功能。

20 世纪 80 年代以来，以计算机技术、网络通信技术、数字化技术、现代信息技术和智能化技术为核心的现代信息技术得到了迅速发展，并广泛渗透到社会的各个领域，推动着社会经济、文化的迅速发展。进入 21 世纪以后，现代信息技术的发展更是突飞猛进、日新月异，信息化已成为世界经济和社会发展的共同趋势。

现代信息技术的迅速发展和普及应用不仅促进了社会和科技的空前发展，而且对教育也产生了广泛而深刻的影响。计算机、现代信息技术以及网络技术在教学和管理中的广泛应用，为教育现代化提供了前所未有的机遇，为教育资源的整合、教学内容的优化、教育方式的更新、师生关系的改善以及教育功能的转变等带来了飞跃性的变化，有力地推动了教育自身的革命性变革。

（一）现代信息技术的功能

1. 再现功能

现代信息技术不受时间、空间、微观、宏观的限制。根据教育、教学的需要，将所讲对象在大与小、远与近、快与慢、虚与实之间相互转化，从而使教育、教学内容中所涉及的事物、现象、过程全部再现于课堂，从远古到现在、从自然到社会、从异国到本土，都可以通过现代教学手段表现出来，让学生如同亲眼目睹。

2. 扩充功能

一方面，现代信息技术可以进行高密度的知识传授、大信息量的优化处理，极大地丰富了学生学习的资源；另一方面，教师还可以根据自己的需要，及时获取互联网上的信息和知识，扩充知识量。

3. 集成功能

现代信息技术能把图像的、声音的、文字的教学材料融合在一起，向学生提供多种刺激，使学生获得视听等多种感觉通道的信息。

4. 交互功能

现代信息技术可以实现人机之间双向沟通，人与人之间近距离以及人与人之间远距离的交互学习，大大地提高了学习效率。

5. 虚拟功能

由现代信息技术仿真生成的虚拟现实世界，能创造一种身临其境的真实感觉，使学生不仅能感知而且能操作虚拟世界的各种对象。

（二）现代信息技术在教学中的作用

现代信息技术具有上述优异的功能，因此，它能在整个教学过程中发挥重要的作用。主要表现在以下三个方面：

1. 扩大教学规模

采用现代信息技术进行教学，可以扩大教学信息的传递范围和增殖率。过去用个别教学的方式传授知识，信息只能一比一的增殖；传统的班级授课的方式，信息的增殖率可增加到几十倍速、上百倍；用现代信息技术进行教学，信息的增殖率可扩大到几万倍，甚至几十万倍。

利用现代信息技术（如广播电视、卫星电视、计算机网络等）向学校、社会、家庭传输课程，凡是有电视或计算机终端的地方，都可成为课堂。一个教师可以同时教成千上万的学生，这样大大节省了师资和校舍，扩大了教学规模。

2. 增进教学效率

人们的学习和对知识的掌握，是通过多种感官（如眼、耳、鼻、舌、脑等）把外界信息传递给大脑中枢而形成的。这些感官的功能各异，其中以眼最灵，耳次之。在学习过程中，眼、耳、脑的功能发挥得越好，学习效率就越高。现代信息技术的应用，可以大大延伸人体，特别是眼、耳、脑的学习功能，可以综合利用视觉、听觉等多种分析器进行学习，因此能使学生得到较佳的学习效果，提高教学效率。

3. 提高教学质量

采用现代信息技术进行教学，可以视听结合，形式多样的教学模式可以激发学生学习的兴趣，能使学生在比较轻松愉快的情境中学习，提高学习的主动性和积极性，提高教学质量。

（三）现代信息技术在教学中应注意的问题

1. 现代信息技术教学不能代替教师上课

现代信息技术教学的优点毋庸置疑，但它却只能作为教学的一种辅助性手段。现代信息技术教学目前无法取代教师在教学过程中讲解、释疑、解惑的巨大功能。因此，完全依赖现代信息技术进行教学是不可取的。在教学过程中，教师要合理、综合地利用现代信息技术，取长补短，才能使课堂教学取得最佳效果。

2. 加强师生之间的交流

首先，现代信息技术是物，而它所面对的对象是人，无法在感情上进行沟通，不能准确把握学生的理解程度，不能通过观察学生的表情去洞察学生的内心世界，更不能视学生的具体情况因材施教。因此，在使用现代信息技术教学的同时，教师应该加强与学生的沟通，及时了解学生的感受，以便能随时调整教学手段和方法。

3. 教学内容的选择，要符合课程的教学目标

教学中所用资料、挂图、幻灯片、录像、软件、光盘等必须紧扣教材、大纲，提炼重点、精华，才更为有效。因此，教师在备课时要围绕教材和大纲精心制作和选择多媒体教学内容。

任何事物都是一把“双刃剑”，现代信息技术也不例外。尽管现代信息技术教学对提高教学质量具有不可替代的作用，但是，我们也应该清楚地看到它的不足。立足于学生，从学生的实际情况出发，扬长避短，合理利用，才能充分发挥现代信息技术强大的功能，真正有效地提高教学质量。

二、现代信息技术在篮球教学中的应用

篮球作为普通高等学校体育专业主干课程之一，在整个体育课程中有着举足轻重的地位。在篮球教学中，利用现代信息技术，通过对动画、视频、声音、图形、文字等信息的集成处理，使教学内容表现得形象生动、丰富多彩，不仅能提高学生的学习兴趣，开拓学生的视野，而且还能提高学习效率。

（一）传统篮球教学的局限

（1）传统的篮球教学采用的基本手段是通过教师的示范和讲解，向学生传授篮球的基本技术和基本战术，这种教学方法，要求教师要不断重复地示范和讲解，这不仅增加了教师教学的强度，而且也限制了教学量和知识面的扩大。

（2）传统的篮球教学过程，受场地、气候、人数、器材及学生个体差异等较多因素的影响，教学内容的安排局限性大。例如，有的动作因为不能进行慢做，学生看不清楚；有的动作需要旋转，老师边示范边讲解，学生需要有很强的空间感才能在教师多次多角度的示范下完成动作，从而影响了教学效果；还有人多球少、空间过大，后边的学生听不清楚，不能按教学要求完成练习；受雨雪等自然天气的影响，不能在室外进行篮球教学，也会挫伤学生学习的积极性等。

（3）篮球知识的更新速度相对较慢。在这个科技飞速发展和知识大爆炸的时代，不管是在知识量上还是在知识的更新速度上，传统的篮球教学模式都不能适应社会发展对篮球教学的需求。因此，将现代信息技术引入篮球教学领域也是时代发展的必然趋势。

（二）现代信息技术在篮球教学中的应用

1. 运用现代信息技术，创设情境，激发学生学习和练习的兴趣

爱因斯坦说过："兴趣是最好的老师，兴趣能激发学生的学习欲望。"课堂教学实践表明，学生对某种事物的兴趣越浓厚，其注意力就会越集中，思维也会非常活跃，求知欲也越发强烈，学习和练习的热情度更高，有助于充分发挥潜在的学习和练习的积极性、主动性，从而呈现出最佳学习状态。现代信息技术是集文字、图形、图像、声音、动画、影视等各种信息传输手段于一体，通过语言的描绘、图像的演示、动画的模拟、音乐的渲染等声画并茂的教学环境，为学生创设生动形象的教学氛围，能大大激发学生的学习兴趣和学习热情。

例如，在教学过程中，教师可以播放"跟我学打篮球"的教学光盘，使学生了解篮球的基本知识和基本技术，然后选择一些 NBA 篮球赛或经典投篮集锦光盘让学生欣赏；在课件的制作过程中，可以导入一些优秀运动员（如乔丹、姚明、科比、麦蒂）在比赛场上的精彩动作图片；把学生参加篮球比赛的情况拍成录像，剪辑、导入课件中，使用屏幕播放，学生一边观看画面一边听教师的讲解，寻找差距等等。这样就能提高学生学习的兴趣，学生在浓厚的兴趣推动下，便会产生学习的喜悦感和成就感，并产生新的学习需要。

2. 运用现代信息技术，扩大课堂教学的容量，提高教学的效率

利用多媒体技术，可以进行高密度的知识传授、大信息量的优化处理，大大提高了课堂效率。图形不是语言，但比语言更直观形象，包容的信息量更大。动画又比图形更形象

和生动，利用文字闪现、图像缩放与移动、颜色变换等手段，不仅容量大、速度快，而且效果也更好。

例如，在讲解篮球运动的起源时，通过图片展示、纪录片播放，让学生对篮球运动的发展历程有了一个全面的认识；讲解篮球局部进攻战术时，通过动画演示、视频剪辑等手段，直观地展现了几种局部进攻战术的演练过程。在篮球裁判教学中，教师为了能让学生更加清晰地明白犯规的判罚规则，可以将一些犯规的视频剪辑下来，或将学生在比赛中的犯规拍录下来，在课堂上一边播放，一边讲解。使学生能一目了然。这样就避免了重复劳动，节省了教师讲解、示范的时间，加快了教学的节奏，从而提高教学效率。

3. 运用现代信息技术，创设逼真情境，进行直观教学

现代信息技术教学具有直观性的特点，可以将文字、图像、声音、形象、逼真的动画、网络等综合在一起，能做到图文并茂、动静结合、视听并用，可以将一些难度大或较复杂的动作通过播放慢动作和正常动作让学生看清楚、听清楚，有利于创设良好的情境，为教学提供逼真的表现效果，同时语言表达可使学生尽快建立动作的表象和领会动作要领，有利于学生掌握正确的动作概念。

例如，在讲解篮球技术分析时，通过多媒体技术教学将篮球技术动作结构、动作要领通过图片、视频等方式直观地展现给学生，并结合优秀运动员有关篮球技术动作的录像和学生在学习过程中被拍摄的技术动作的录像，通过对比分析有利于学生更加直观地理解动作概念，能够加快对技术动作的掌握；在讲解竞赛规则与裁判法分析时，裁判员在比赛场上的各种执法手势以图片的形式通过大屏幕展现给学生，让学生对各种手势有了明确的认识，然后通过播放比赛场上有关裁判员的各种判罚的视频剪辑，学生通过视听结合的手段来加深对手势应用的理解。

4. 运用现代信息技术，突出重点，突破教学难点

现代信息技术具有分层展示功能，运用音频、视频分层等技术对篮球技术进行展示，使学习重点、要点更加突出，技术掌握也就会更快。例如把 NBA、CBA、CUBA 等比赛视频下载下来，进行技术处理，将技术和战术分类处理，分层展示，就更有针对性；也可以根据物理学原理，对技术动作进行直观形象的分析，如对运球、传球和投篮间的相互关系的分析，可集中对运球技术进行分析，也可对某一个动作的一个用力现象进行力学分析，了解动作结构，纠正学生不会用力或用力不正确的现象；如在讲解投篮时，力度的大小、出手角度等用图表等形式在课件中体现出来，结合抛物线的知识，使学生看清楚动作细节，更加深刻地认识动作的要领和运动规律，更快地完成学习任务。

此外，受年龄、教学条件等因素的影响，教师往往会回避那些难以示范（如扣篮、空

接等）的动作，不利于学生的全面发展。运用现代信息技术进行教学示范，不仅可以弥补教师不能示范高难度动作的不足，而且能保证学生接受知识的完整性和系统性。

（三）现代信息技术在篮球教学中的建议

篮球是一门操作性极强的学科，在某种意义上来说，其实践运用价值要远远大于理论价值。因此，在教学过程中，不管是技术的学习还是战术的学习，不管是用传统的方法教学还是用现代信息技术教学，甚至是用更加先进的方法教学，都应着重强调实践运用价值，用理论指导实践。

篮球是一门动态发展中的学科，其发展速度相当快。因此，教师在教学过程中，应充分利用现代信息技术，紧密跟进国内外先进的篮球运动技术和教育理念、先进的篮球教学方法与手段，使学生尽可能多地把握新的理论体系，学习新的知识。

第三节　我国篮球市场的发展条件研究

为了使我国篮球市场健康成长，使现有的篮球市场走向稳定、规范，逐步趋于成熟，需要对篮球市场发展的条件进行分析。研究篮球市场的发展条件对我国篮球运动和篮球产业的发展有一定的现实意义。

一、影响篮球市场发展的因素

篮球市场是在市场经济条件下篮球运动与商品经济结合的产物。只有在市场经济充分发展的条件下，篮球劳务服务才能真正地作为商品来进行交换，商品交换的原则才可以渗透社会活动的各个领域，使其价值的体现不仅是门票收入，随着商品价值的不断开发，由比赛产生的社会效益也会通过广告、电视转播等方式转化成巨大的经济效益。生产社会化和体育社会化程度扩大，体育社会化最终决定于生产社会化。随着生产的发展和社会分工的扩大，人们对体育的消费需求的扩大，体育作为提供劳务服务的独立部门逐渐形成。当篮球运动参与商品交换的频率逐渐加大，并从社会获得极大的经济效益和社会效益的时候，才有可能形成产业。

篮球市场既是生产社会化发展的产物，又是篮球运动本身社会化、产业化发展的必然结果。篮球运动潜在市场的扩大，没有众多的篮球运动爱好者，就没有众多的观众和球迷，也就没有篮球市场。因而大众篮球运动的普及和业余篮球竞赛的广泛开展，是篮球市场发育的前提条件。大众消费水平的提高和消费结构的改变，使得花钱观赏或参与篮球运动成为可能，为篮球市场的广泛发展提供了机遇。强烈的竞争意识、赶超意识、民族自尊心和对体育文化、篮球文化的领悟，是影响篮球市场的社会心理因素。

科学技术迅猛发展，科学技术的革命引起人类生产方式、工作方式和生活方式的深刻变化。电视机的普及、卫星通信的发展、计算机网络技术的应用，使职业篮球的影响成倍扩展，全世界的篮球电视观众和篮球爱好者成为篮球市场的顾客，为篮球市场的形成创造了极为雄厚的购买潜力。以笔记本型计算机、传真调制解调器和专用软件武装起来的职业篮球队，把 NBA 职业联赛变成了移动计算机的实验台。科技在体育上的应用，已成为体育获得发展动力的一个重要途径。篮球竞技水平的提高，高水平篮球竞技运动的观赏性、趣味性、艺术性能够为广大人民群众提供富有魅力的精神享受，使篮球竞技技艺和篮球比赛成为一种商品而进入市场。竞技水平是篮球竞赛这种特殊“商品”的质量标志，竞赛水平越高，竞赛所提供的商品价值和文化价值越高，而保证这种特殊劳务的“商品质量”，必须有一批高水平的篮球运动员、教练员和运动队。众多处在一流水平的球队或接近一流水平的球队共同参加联赛，其比赛的胜负才具有不可预测性，比赛才可能有悬念，才能体现体育运动特有的艺术魅力。因此，没有高质量的比赛，就没有观众，也就没有市场。篮球运动技术水平的高低，主要体现在国家队参加洲际比赛取得的成绩国内联赛的竞赛水平和各参赛队的表现上。

二、培育我国篮球市场的有利条件

社会主义市场经济的建立和发展为篮球市场的培育提供了明确的方向和体制保证。我国建立和发展市场经济的深刻改革为包括篮球市场在内的体育市场的培育和发展提供了社会大背景，使其能够以市场为基础配置体育资源。经济改革促进了经济发展，提高了生产效率，增加了人们可支配的闲暇时间。1997 年我国城市职工平均每日工作时间为 5 小时 37 分钟，比 1990 年减少了 102 分钟。由于节假日的增多，我国出现了相对集中消费的“假日经济”现象，这为培育篮球市场提供了有利的空间和时间条件。政治体制改革为体育市场的民主法制建设提供了有力保障。1993 年发布的《国家体委关于深化体育改革的意见》、1995 年制定的《全民健身计划纲要》《奥运争光计划纲要》《体育产业发展纲要》和《中华人民共和国体育法》，都是在我国经济体制改革不断深化的大背景下产生的。这些法规和改革的贯彻执行，将是今后相当长一段时期内的任务，同时也将为培育篮球市场提供有力的精神武器和法律支持。我国经济的快速发展为篮球市场的培育提供了坚实的经济基础。

经济的快速发展，给包括篮球市场在内的体育市场发展提供了多方面的有利条件：

（1）国家积累增加，对体育市场发展的经济支持力度会相应加大；

（2）第三产业的兴起为体育产业和体育市场培育提供了施展余地，我国体育产业发展迅速，现正成为我国第三产业中不可忽视的一支生力军；

（3）企业经济实力增加，对体育市场的经济支撑会有所增加；

（4）人民消费水平的提高、恩格尔系数的下降，以及消费结构的变化为篮球消费市场的培育创造了有利条件。

我国有较好的开展篮球运动的传统，群众性篮球运动有较广泛的群众基础。20 世纪 50 年代到 60 年代中期，我国的部队、工厂、农村、学校，随处可见篮球架和打篮球的庞大群体。70 年代，受历史多种因素影响，群众对篮球的热情有所减弱，改革开放以来逐步恢复，进入 20 世纪 90 年代以来，篮球市场的出现推动着篮球运动的不断升温。现在，我国一些大城市的三人篮球赛、家庭赛以及篮球游戏等比赛的开展，受到了广大群众的热烈欢迎，人们利用闲暇时间，积极参与。中国篮协的“小篮板工程”的推广工作也顺利开展。在中华人民共和国成立以后，篮球运动水平迅速提高，从 1959 年中国男队战胜欧洲冠军队，女队两次战平欧洲冠军队，到男篮曾五次蝉联亚洲冠军，进入世界前八名，女篮获得世界亚军，这些运动成绩产生了广泛的社会影响。我国篮球市场的培育有“后发优势”可以利用。

我国篮球市场刚刚起步，比国际篮球市场的出现晚了几十年，这使我国篮球市场发展有其一定的“劣势”，但也有“后发优势”。所谓“后发优势”就是后起者可直接引进、吸收和利用先行者所创造出来的诸多成果和经过长期积累的成熟经验，在较短的时期内实现某种跨越，而不必样样都从头开始，重走先行者的弯路。培育我国篮球市场应该充分利用这种“后发优势”，以克服其劣势。国际上有以 NBA 为标志的发达的篮球市场，有许多成果可以直接引进吸收，结合我国国情为我所用，有许多关于市场培育的经验和成熟的做法可以借鉴，国际上其他球类的市场培育的成功经验也可以有选择地吸取。就国内来讲，先于篮球市场而出现的足球市场，其培育和发展的过程，由于处于同一国情之中，它所获得的经验教训更具有借鉴意义。

篮球运动的特点赋予了我国篮球市场的培育独特的优势。篮球运动是对抗性、趣味性很强的运动项目之一，篮球运动简便易行、便于普及的优势是其他球类所无法比拟的。篮球运动对场地设施、气候及活动人数等条件的要求都比较宽松。这对在城市普及社区篮球运动，在农村特别是山区普及篮球运动是极为有利的，对中小学加强篮球教学，开展篮球活动也极为有利。

三、当前开发和培育市场的几点建议

我国篮球市场虽然存在一些困难和问题，但大都是在前进中出现的，这些困难和问题也只能靠进一步改革和发展去逐步解决。在培育和开发篮球市场的过程中，需要采取以下几点主要措施：

（一）更新思想观念，加强篮球消费意识的引导

充分开发篮球的各种社会价值。推进篮球社会化、产业化，要把消费作为出发点和落脚点，扩大篮球市场的消费者群体。

（二）继续深化体制改革

如何真正实现政府职能进一步由直接管理向间接管理转变，从微观调控向宏观调控转变，从单纯依靠行政命令向依靠法律、政策、经济等多种综合手段方向转变。如何建立有序、竞争、高效的运行机制，如何建立政策引导、法律指导和检查监督机制，如何理顺管理部门和协会等其他社会篮球组织之间的关系，应当在改革探索的实践中，积累正反两方面的经验，不失时机地进行体制创新和突破，逐步形成具有中国特色的管理体制。

（三）继续健全和完善职业篮球俱乐部体制

进入职业篮球市场的俱乐部，应该是产权明晰、责权明确、自主经营、自负盈亏、管理科学的企业法人。目前，我国的“职业俱乐部”与严格意义上的职业俱乐部还有一定的差距，应当进行从产权改革到规范化管理的全面建设。

（四）尽快提高篮球竞赛水平

竞赛水平是篮球竞赛这种特殊“商品”的质量标志。要通过进一步改革竞赛体制和训练体制，处理好“练”“赛”关系，要重视塑形象、创品牌、树球星，有重点地培育著名篮球球星，要加强国际交流与合作，重视吸取和借鉴世界上先进的训练方法和经验，为我所用。

（五）加强篮球市场的理论研究

目前，关于篮球产业、篮球市场等经济与篮球运动交叉领域的研究十分薄弱，与客观需求不相适应。建议体育总局及篮管中心加强这方面的政策引导和科研投入，实行立项优先、投入倾斜、成果重视等措施。引导和鼓励理论工作者和实践工作者相结合的科学研究，为我国篮球市场的不断发展提供理论依据。

参考文献

[1] 李正昌，冯健 . 高校篮球教学改革影响因素及发展前景 [J]. 当代体育科技，2022，12(25)：55-57.

[2] 张达瑶，冯健 . 翻转课堂教学模式在高校篮球教学中的应用 [J]. 当代体育科技，2022，12(24)：41-43.

[3] 彭彬 . 休闲体育视角下高校篮球教学训练研究 [J]. 当代体育科技，2022，12(24)：174-177.

[4] 刘孟波 . 新时期高校篮球教学改革路径探析 [J]. 冰雪体育创新研究，2022(16)：118-121.

[5] 郑亮 . 多元视域下高校篮球教学改革策略研究 [J]. 当代体育科技，2022，12(23)：85-88.

[6] 孙超 . 多元化教学方法在高校体育篮球教学中的应用探究 [J]. 冰雪体育创新研究，2022(15)：141-144.

[7] 陶然，工府 . 论体育游戏在高校篮球教学中的运用 [J]. 当代体育科技，2022，12(13)：101-105.

[8] 庞选护 . 启发式教学法在高校篮球教学中的应用探索 [J]. 冰雪体育创新研究，2022(08)：131-133.

[9]“课程思政”视域下高校篮球教学与思政教育协同育人研究 [C]. 第十二届全国体育科学大会论文摘要汇编：墙报交流（学校体育分会），2022：292-293.

[10] 谢哲 . 高校篮球课程比赛教学法探究 [J]. 长沙大学学报，2021，35(5)：109-112.

[11] 张达瑶 . 高校篮球教学改革影响因素及发展趋势探索 [J]. 冰雪体育创新研究，2021(17)：119-120.

[12] 孙波 . 高校篮球技术培养的影响因素及发展趋势研究 [J]. 拳击与格斗，2021(9)：102-103.

[13] 马伟刚 . 论比赛教学法在高校篮球教学中的有效运用策略 [J]. 作家天地，2021(24)：141-142.

[14] 宋晓红 . 新形势下高校篮球教学改革的思路探究 [J]. 当代体育科技，2021，

11(21)：103-105.

[15] 任斌．高校篮球教学方法与教学创新思维的融合问题研究 [J]. 当代体育科技，2021，11(14)：130-132.

[16] 彭彬．探讨高校篮球教学改革影响因素及发展趋势 [J]. 当代体育科技，2021，11(14)：173-175.

[17] 隋岩．论战术意识对高校篮球的新发展 [J]. 当代体育科技，2021，11(11)：65-67.

[18] 方洪．高校篮球教学改革影响因素分析 [J]. 当代体育科技，2021，11(6)：87-88+91.

[19] 曹玉斌．高校篮球教学改革影响因素及发展趋势探讨 [J]. 当代体育科技，2021，11(5)：108-109+112.

[20] 王皓．论我国高校篮球教学改革现状及发展对策 [J]. 当代体育科技，2021，11(1)：6-7+10.

[21] 张海波．篮球教学中运用合作学习的反思与前瞻 [J]. 佳木斯职业学院学报，2021，37(1)：145-146+149.

[22] 朱开放．基于 MOOC 资源的混合式教学在高校篮球教学中的实验研究 [D]. 郑州大学，2018.